Objetivo:
Tarta perfecta

Alma Obregón

¿Qué es CLIC2C®?

Es una tecnología que permite añadir contenidos multimedia a las páginas de un libro. Algunas imágenes se codifican con una marca de agua que se asocia a contenido interactivo: videos, textos, imágenes, etc. Solo necesitas un teléfono móvil con conexión a Internet, buscar el icono de la "cibertarta" y comenzar a descargarte las sorpresas que Alma ha preparado para ti.

¿Cómo funciona?

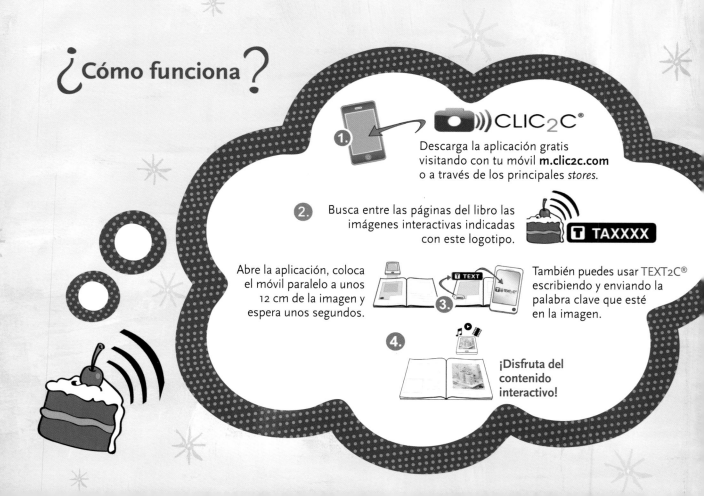

1. Descarga la aplicación gratis visitando con tu móvil **m.clic2c.com** o a través de los principales *stores*.

2. Busca entre las páginas del libro las imágenes interactivas indicadas con este logotipo.

3. Abre la aplicación, coloca el móvil paralelo a unos 12 cm de la imagen y espera unos segundos.

También puedes usar TEXT2C® escribiendo y enviando la palabra clave que esté en la imagen.

4. ¡Disfruta del contenido interactivo!

Objetivo:
Tarta perfecta

Alma Obregón

EL PAIS AGUILAR

Objetivo: Tarta perfecta

© 2013, Alma Obregón (texto y fotografías de las recetas)
© 2013, para la presente edición:
Santillana Ediciones Generales, S.L.
Avenida de los Artesanos 6,
28760 Tres Cantos, Madrid
Tel. 91 744 90 60. Fax 91 744 90 93
www.elpaisaguilar.es

Coordinación editorial: Diana Acero Martínez
Edición: Conbuenaletra
Dirección técnica y de diseño: Víctor Benayas
Coordinación técnica: Victoria Reyes
Diseño: Beatriz Rodríguez
Ilustraciones: Sara I. Toribio
Maquetación: M. García y J. Sánchez
Fotografías de la autora: LightUp Estudios Fotográficos
Maquillaje: Silvia Carceles Magro
Interactividad Clic2C®: AquaMobile
Dirección de videos: Eduardo Garteizgogeascoa

Primera edición, mayo 2013
Segunda edición, junio 2013

ISBN: 978-84-03-51296-2
Depósito legal: M-8901-2013
Impreso y encuadernado en España - *Printed and bounded in Spain*

Notas generales para todas las recetas, salvo que se indique lo contrario:

1. Al preparar las masas para los bizcochos nunca las batiremos rápidamente, ya que corremos el riesgo de sobrebatirlas y que luego se queden muy duras tras el horneado.

2. Antes de utilizar un molde siempre lo engrasaremos con mantequilla y espolvorearemos con harina o, en su lugar, lo rociaremos con espray antiadherente.

3. Los moldes nunca se llenan más allá de 1/2 o 2/3 de su capacidad, salvo con los *cheesecakes*, que los llenaremos prácticamente hasta el borde (dejando unos 5 milímetros).

4. Antes de desmoldar un bizcocho siempre tenemos que esperar a que esté templado. Solo entonces lo desmoldaremos con cuidado y lo dejaremos enfriar por completo sobre una rejilla.

5. Todas las tartas, salvo que se indique lo contrario, se conservan a temperatura ambiente, cubiertas con una cúpula de cristal o un bol invertido para que conserven su frescura. Una caja de cartón también puede servir.

6. Las tartas con *fondant* nunca se conservan en la nevera, ya que el *fondant* se cargará de humedad y al sacarlo parecerá que suda.

7. Yo uso aceite de oliva en muchas de las recetas pero si en casa tenéis otra variedad, podéis usarla sin problema.

A mis padres, de nuevo.

Contenidos:

Introducción:

Me encantan las tartas. No puedo evitarlo. Y es que siempre que pienso en tartas, me vienen a la cabeza muchos de los momentos más felices de nuestras vidas. Solo hay que pensar en la carita de alegría que ponen los más peques de la casa cuando les toca soplar las velas, o en los nervios de los recién casados al cortar el primer trozo de tarta tras el banquete. Son tantos los instantes de felicidad que están acompañados por una tarta que me vuelven absolutamente loca. Las infinitas posibilidades que ofrecen en cuestión de sabores, ingredientes, acabados y decoraciones las convierten en un postre sin igual que, además, nos hace felices y nos acompaña en momentos memorables.

Por todo eso (y porque soy una golosa sin remedio), es un honor para mí poder presentaros mis 50 recetas favoritas de tartas, y saber que, quizá, próximamente alguna de ellas pase a formar parte de los recuerdos de un día muy especial para vosotros. He querido seleccionar recetas para todos los paladares: adultos, infantiles, golosos, no tan golosos, veganos, celíacos, adictos al chocolate... y acompañarlas con los tutoriales más necesarios a la hora de preparar una tarta perfecta para vuestras celebraciones. Y, precisamente, porque no a todo el mundo le gusta el *fondant*, encontraréis numerosas técnicas decorativas que proporcionan acabados espectaculares... ¡sin usar ni un pedacito del mismo! En resumen, espero ayudaros a encontrar la receta que estáis buscando para que todos vuestros invitados puedan disfrutar de una tarta que, además de ser preciosa, esté... ¡deliciosa!

Alma

Herramientas e ingredientes

1. Los moldes: Hay infinitos modelos: de metal, de silicona, de cerámica, redondos, con forma de corazón... Lo mejor es apostar por moldes de buena calidad a los que daremos mucho uso.

*Truco: Mis moldes favoritos son los desmontables de 3,5 cm de altura (conocidos como moldes de layer cake), que nos permiten hornear las diferentes capas del bizcocho por separado, reduciendo el tiempo y mejorando la jugosidad. En el libro los uso de 15, 18 y 20 cm de diámetro, y horneo dos o tres iguales a la vez, pero si solo tienes uno, puedes dividir la masa y hornear por mitades.

2. Igualador de tartas (lira): Herramienta fundamental para asegurarnos de que todas las capas tienen la misma altura.

3. Espátula: Esencial para poder aplicar las cremas en nuestra tarta y lograr un acabado ¡perfecto!

4. Rodillo plástico y alisador: Nuestros aliados para lograr tartas de *fondant* lisas.

5. Plato giratorio: Nos ayuda a decorar las tartas con facilidad, ya sea al aplicar capas de crema, ya sea para decorar con glasa real u otras técnicas.

6. Paleta con diseños: La usamos para dar el toque final a la crema. Basta con ponerla perpendicular a la crema y girar nuestra tarta.

7. Pincel de silicona: Para aplicar el almíbar. Los de silicona son los más higiénicos y fáciles de limpiar.

8. Manga pastelera desechable y boquillas: Son imprescindibles. Las boquillas que más uso son las de estrella abierta y cerrada en varios tamaños, así como boquillas redondas y una de pétalo de rosa.

9. Cartones para tartas: Ayudan al transporte y son necesarios en las tartas de pisos. Podemos fabricarlos forrando un cartón (por ejemplo recortado de una caja de galletas) con papel aluminio.

10. Cucharas medidoras: Con ellas nos aseguramos de que usamos las cantidades exactas cuando se especifica una cucharada (15 ml) o una cucharadita (5 ml).

11. Polvo de merengue o albúmina: Es mi ingrediente favorito para preparar la glasa real. En su defecto, podéis usar claras pasteurizadas, a la venta en supermercados (sección de productos refrigerados).

12. Fondant: Pasta de azúcar comestible a la venta en tiendas de repostería especializada. Se conserva a temperatura ambiente, bien envuelta en papel film y, a ser posible, en un recipiente hermético.

Azúcar superfino: Azúcar ultrafino comercializado bajo el nombre de *icingsugar*. Está a la venta en tiendas especializadas e Internet. Puedes sustituirlo por azúcar glas pero el acabado será más granuloso y no tan agradable al paladar.

Técnicas básicas

Paso 1. Preparar los bizcochos:

Una vez horneados y almibarados (en su caso) los bizcochos, esperamos hasta que estén templados y los desmoldamos. A continuación, igualamos todos los bizcochos a la misma altura con ayuda del igualador de tartas. Si hemos usado un solo molde, utilizaremos esta misma herramienta para poder cortar tres capas de bizcocho del mismo grosor.

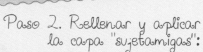

🍰 📶 **T TBIZCOCHO**

Paso 2. Rellenar y aplicar la capa "sujetamigas":

Colocamos nuestro primer bizcocho sobre un cartón para tartas de su mismo diámetro, "pegándolo" al mismo con un poquito de la crema. A continuación aplicamos una capa de relleno de, aproximadamente, medio centímetro de grosor. Encima colocamos el siguiente bizcocho, y una nueva capa de relleno. Para terminar, cubrimos con el tercer bizcocho. Finalmente, aplicamos una fina capa de crema, llamada "sujetamigas", por los laterales y la parte superior de la tarta, y la refrigeramos durante unos 30 minutos. Este paso es fundamental para conseguir un buen acabado.

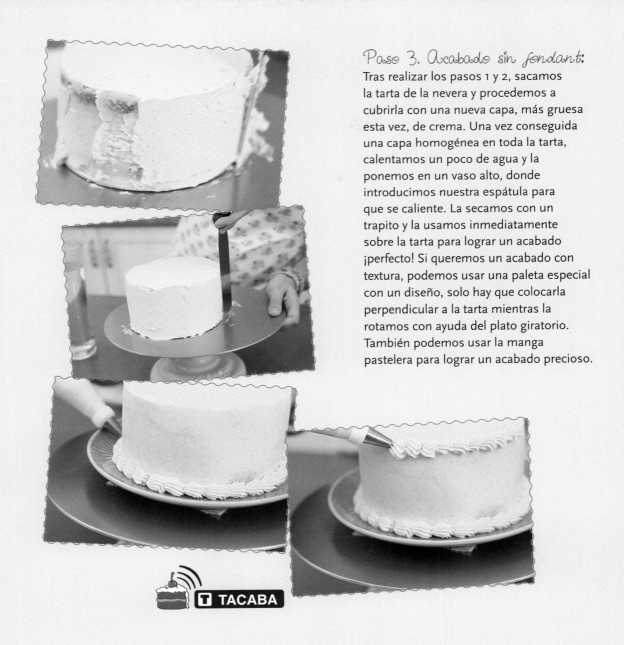

Paso 3. Acabado sin *fondant*:

Tras realizar los pasos 1 y 2, sacamos la tarta de la nevera y procedemos a cubrirla con una nueva capa, más gruesa esta vez, de crema. Una vez conseguida una capa homogénea en toda la tarta, calentamos un poco de agua y la ponemos en un vaso alto, donde introducimos nuestra espátula para que se caliente. La secamos con un trapito y la usamos inmediatamente sobre la tarta para lograr un acabado ¡perfecto! Si queremos un acabado con textura, podemos usar una paleta especial con un diseño, solo hay que colocarla perpendicular a la tarta mientras la rotamos con ayuda del plato giratorio. También podemos usar la manga pastelera para lograr un acabado precioso.

TACABA

Técnicas básicas

Paso 4. Acabado con *fondant*:
Una vez realizados los pasos 1 y 2 (¡y no el 3!), espolvoreamos nuestra mesa de trabajo con un poquito de azúcar glas y procedemos a extender el *fondant* con el rodillo, hasta lograr un diámetro suficiente como para cubrir toda la tarta y un grosor aproximado de 0,5 cm. Lo levantamos con cuidado, ayudándonos con el rodillo, y lo colocamos centrado sobre nuestra tarta.
A continuación lo ajustamos a la tarta, con cuidado de no rasgarlo, evitando tirar hacia abajo y abriendo los pliegues que se vayan formando. Finalmente, con ayuda de los alisadores daremos un acabado liso y uniforme a la tarta, cortando el exceso de *fondant* con un cuchillo o un cortador de pizza. Para dar un toque más profesional, forraremos también con *fondant* la base sobre la que vayamos a colocar la tarta, humedeciéndola ligeramente para que se adhiera el *fondant*.

*Truco: Puedes cubrir con *fondant* muchas de las recetas de este libro. Las de vainilla, Oreo, terciopelo rojo, café o chocolate blanco son ¡éxitos asegurados!

TFONDANT

14

Paso 5. Hacer dos pisos.

Una vez realizados los pasos 1, 2 y 4 en cada uno de los pisos de nuestra tarta, pegamos el primer piso a la base. A continuación, tenemos que generar una "estructura interior" para que los pisos no se hundan al ponerlos uno encima de otro. Para ello, vamos a usar unos pilares de plástico que soportarán el peso de cada piso. En primer lugar, los mediremos introduciéndolos en el piso de la tarta y marcando la altura a la que hay que cortarlos. Una vez cortados, los colocaremos en triángulo (si encima va un piso pequeño) o en estrella (si tiene que soportar más peso). Comprobamos con un nivel que los pilares están alineados y, usando un poco de glasa real como pegamento, colocamos encima el siguiente piso, realizando de nuevo todo el procedimiento antes de colocar otro piso sobre él. Como toque final, aplicamos en las juntas un poco de glasa real del mismo color del *fondant*, pasando el dedo por ellas para disimular cualquier defecto.

TPISOS

Técnicas decorativas

Decoración con ondas:

Una vez realizados los pasos 1 y 2 de las técnicas básicas, rellenamos la manga pastelera con la crema y usaremos una boquilla de pétalo. Colocamos la manga pastelera en paralelo a la tarta y, con la parte gruesa de la boquilla rozándola, comenzaremos a aplicar la crema trazando un movimiento en zigzag vertical, a la vez que subimos por el lateral de la tarta.

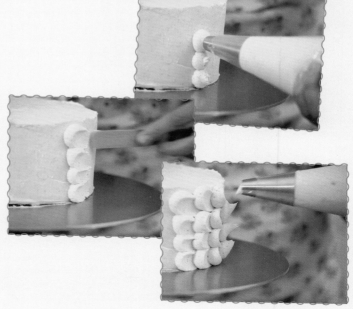

Decoración con bolas:

Una vez realizados los pasos 1 y 2 de las técnicas básicas, rellenamos la manga pastelera con la crema sobrante y usaremos una boquilla redonda. Colocamos la manga pastelera en perpendicular a la tarta y aplicamos puntos gordos de crema en una fila vertical. A continuación, los aplastamos con ayuda de la espátula y aplicamos una nueva fila de puntos, repitiendo este proceso una y otra vez hasta tener cubiertos los laterales y la parte superior de la tarta.

Decoración con rosetones:

Una vez realizados los pasos 1 y 2 de las técnicas básicas, rellenamos la manga pastelera con la crema sobrante y usamos una boquilla de estrella abierta. Para realizar cada rosetón comenzaremos siempre por el centro, girando en el sentido de las manecillas del reloj.

Decoración barroca:

Tras haber ejecutado los pasos 3 o 4, procedemos a realizar estas decoraciones con ayuda de una manga pastelera, la boquilla redonda (número 2 o 3) y la crema (en caso de ser una tarta sin *fondant*) o glasa real (si la tarta está cubierta con *fondant*). Marcamos puntos equidistantes en la parte superior de la tarta, que serán desde los que partirán los arcos. Hay que tener cuidado en separar lo suficiente la manga de la tarta para conseguir líneas perfectas.

Las cremas y el almíbar

CREMA DE MANTEQUILLA

Tamizamos el azúcar superfino y lo colocamos en un bol junto con la mantequilla, que deberá tener una consistencia similar a la de una pomada. Batimos a máxima velocidad durante 5 minutos o hasta que la mezcla aumente de volumen, se aclare y tenga una textura que recuerde a un helado. Incorporamos el extracto o ingrediente adicional que se indique en la receta y batimos 1 minuto más.

Ingredientes:

- 300 g de azúcar superfino
- 300 g de mantequilla a temperatura ambiente
- El extracto o ingrediente adicional que se indique en la receta

CREMA DE MANTEQUILLA DE MERENGUE ITALIANO

Para el merengue, mezclamos el azúcar con el agua y el sirope de maíz en un cazo y lo ponemos a calentar hasta que la temperatura del termómetro de azúcar alcance los 115 °C-120 °C. Mientras tanto, montamos las claras a punto de nieve. Cuando el almíbar haya alcanzado la temperatura indicada, lo echamos sobre las claras muy poco a poco, sin dejar de batir, como si fuera un hilillo (con cuidado de que no caiga el almíbar en las varillas de la batidora). Seguimos batiendo hasta que el merengue esté brillante. Cambiamos las varillas por la pala y comenzamos a añadir la mantequilla batiendo a velocidad media hasta que la crema esté homogénea y muy sedosa.

Ingredientes:

- 4 claras
- 240 g de azúcar
- 70 ml de agua
- 1 cucharada de sirope de maíz (Karo), glucosa o Golden Syrup.
- 400 g de mantequilla a temperatura ambiente

GANACHE DE CHOCOLATE

Calentamos la nata de montar y cuando empiece a hervir, echamos encima el chocolate negro cortado en trocitos. Removemos hasta que se derrita el chocolate y la mezcla sea homogénea. La *ganache* puede usarse una vez templada, cuando aún está líquida, o se deja enfriar hasta que la textura nos recuerde a la de la crema de cacao.

Ingredientes:

- 250 ml de nata de montar (mínimo 35% de grasa)
- 320 g de chocolate (mínimo 50% de cacao)

CREMA INTENSA DE CHOCOLATE

Para preparar la crema de mantequilla hemos de tamizar el azúcar superfino con el cacao y colocarlos en un bol junto con la mantequilla y la leche. Cubriendo el bol, batimos a velocidad baja durante un minuto. Después subimos la velocidad y batimos al menos otros 5 minutos a velocidad alta. La crema de mantequilla se volverá cremosa y de un intenso color chocolate.

Ingredientes:

- 115 g de mantequilla sin sal a temperatura ambiente
- 425 g de azúcar superfino
- 85 g de cacao en polvo sin azúcar
- 105 ml de leche semidesnatada

CREMA DE QUESO

Tamizamos el azúcar y lo batimos con la mantequilla a velocidad máxima hasta que se integre. Si vemos que le cuesta, incorporamos la leche. Cuando la mezcla esté blanca y esponjosa, añadimos el queso, que ha de estar frío, y batimos, primero a velocidad baja y luego aumentándola hasta que la mezcla sea homogénea y cremosa. Cuanto más batamos, más consistencia tendrá la crema. Ha de conservarse en frío.

Ingredientes:

- 125 g de mantequilla sin sal a temperatura ambiente
- 300 g de azúcar superfino
- 125 g de queso cremoso (no puede ser *light*).
- 3 cucharadas de leche (opcional)

ALMÍBAR

Calentamos el azúcar con el agua hasta que la mezcla hierva. Retiramos del fuego, incorporamos el extracto o aroma que se indique en la receta y dejamos templar.

Ingredientes:

- 100 g de azúcar blanco
- 100 ml de agua
- El extracto, aroma o licor que se indique en la receta

GLASA REAL PARA DECORACIONES

Tamizamos el azúcar con el merengue en polvo o albúmina. Lo colocamos en el bol de la batidora e incorporamos el agua. Batimos durante 5 - 7 minutos a velocidad baja, hasta que la mezcla esté blanca, brillante y con una textura similar a la de pasta de dientes.

Ingredientes:

- 330 g de azúcar glas
- 2 cucharadas de merengue en polvo o albúmina
- 4 cucharadas de agua

Las clásicas

No sé por qué, pero la vainilla siempre triunfa cuando no sabes qué hornear. Ligera, jugosa y con un toque de fresa en el relleno... ¡está de rechupete!

Vainilla

Precalentamos el horno a 180 °C. Engrasamos y enharinamos los moldes o los rociamos con espray desmoldante.

En un bol, tamizamos harina y levadura. Reservamos.

Batimos aceite, azúcar y huevos hasta que estén bien integrados. Incorporamos la harina y batimos a velocidad baja. Añadimos la vainilla y mezclamos hasta que la masa sea homogénea. Pesamos la masa y la repartimos equitativamente entre los moldes.

Horneamos 25-30 minutos o hasta que los bordes del bizcocho se separen ligeramente del molde y al introducir un palillo salga limpio. Mientras se hornean, preparamos el almíbar.

Dejamos enfriar los bizcochos 5 minutos en su molde y después los pinchamos repetidamente con un palillo y los pintamos con el almíbar. Desmoldamos cuando el molde esté templado al tacto y dejamos enfriar por completo sobre una rejilla.

Preparamos la crema de mantequilla añadiéndole 2 cucharaditas de pasta de vainilla.

Montamos la tarta siguiendo las instrucciones descritas en la página 12, y rellenamos con una capa de crema de mantequilla y otra de mermelada entre cada piso de bizcocho.

Para el bizcocho:
Para 3 moldes de 15 cm de diámetro
o 2 moldes de 18 cm de diámetro
- 200 ml de aceite
- 200 g de azúcar
- 200 g de harina
- 2 cucharaditas de levadura química
- 4 huevos
- 1 cucharadita de pasta de vainilla
- 1 porción de almíbar, preparado con 1 cucharadita de pasta de vainilla (ver página 19)

Para el relleno y decoración:
- Mermelada de fresa
- 1 porción de crema de mantequilla, preparada con 2 cucharaditas de pasta de vainilla (ver página 18)

Cuando vivía en Frankfurt, mi amiga Melissa me pasó una receta de bizcocho de chocolate deliciosa. Tras algunos cambios para aligerar su textura, creo que he logrado la receta de tarta de chocolate más chocolateada del mundo mundial. Aviso: ¡puede causar adicción descontrolada y aumento de peso!

Chocolate

Precalentamos el horno a 180 °C y engrasamos los moldes. En un bol, tamizamos harina, cacao y levadura. Reservamos.

Batimos aceite, azúcar y huevos hasta que estén integrados. Incorporamos la harina y el cacao. Cuando la mezcla sea homogénea, añadimos la leche y la vainilla; agregamos el agua hirviendo y batimos de nuevo. La masa queda muy líquida, aviso.

Repartimos la masa en los moldes y horneamos 25-30 minutos o hasta que los bordes del bizcocho se separen del molde. Esperamos a que se enfríen antes de desmoldar sobre una rejilla, porque cuando están calientes son muy frágiles.

Para la crema, fundimos el chocolate al baño maría y lo dejamos templar. Mientras tanto, preparamos una porción de crema de mantequilla y, sin dejar de batir a máxima velocidad, incorporamos el chocolate y batimos 2 minutos más.

Igualamos los bizcochos y montamos la tarta (ver página 12), alternando cada capa de bizcocho con una de crema. Para repartir la crema y decorar la parte superior usaremos la manga pastelera con una boquilla de estrella abierta grande.

*Truco: Para una tarta aún más chocolateada, sustituye la crema de mantequilla por la crema intensa de chocolate (ver página 19). ¡Vas a alucinar!

Para el bizcocho:
Para 3 moldes de 15 cm de diámetro o 2 moldes de 18 cm de diámetro
- 80 ml de aceite de oliva suave
- 250 g de azúcar
- 150 g de harina
- 50 g de cacao
- 2 cucharaditas de levadura
- 2 huevos talla M
- 150 ml de leche
- 1 cucharadita de extracto de vainilla
- 150 ml de agua hirviendo

Para el relleno y decoración:
- 1 porción de crema de mantequilla (ver página 18)
- 180 g de chocolate negro

Cuando estaba en Inglaterra almorzaba siempre demasiado temprano, así que, cuando me entraba el gusanillo a media tarde me servía una buena ración de tarta de café y un té caliente. ¡Era la mejor solución para alegrarte en una tarde lluviosa!

Café

Precalentamos el horno a 180 °C. Engrasamos y enharinamos los moldes o los rociamos con espray desmoldante. En un bol, tamizamos harina y levadura. Reservamos.

Batimos aceite, azúcar y huevos hasta que están bien integrados. Incorporamos la harina y la levadura, y cuando la mezcla sea homogénea, agregamos el café disuelto en el agua. Mezclamos bien y añadimos las nueces picadas con ayuda de una espátula.

Horneamos 25-30 minutos o hasta que los bordes del bizcocho se separen ligeramente del molde y al introducir un palillo salga limpio. Mientras tanto, preparamos el almíbar.

Dejamos enfriar los bizcochos 5 minutos en su molde y después los pinchamos repetidamente con un palillo y los pintamos con el almíbar. Desmoldamos cuando el molde esté templado al tacto. Mientras los bizcochos se enfrían por completo sobre una rejilla, preparamos la crema de mantequilla con café instantáneo o licor de café.

Montamos la tarta siguiendo las instrucciones de la página 12. Rellenamos con una capa de crema de mantequilla y café entre los bizcochos y decoramos la parte superior repartiendo la crema con la espátula y unas nueces peladas.

Para el bizcocho:
Para 3 moldes de 15 cm de diámetro o 2 moldes de 18 cm de diámetro
- 175 ml de aceite de oliva suave
- 200 g de azúcar moreno
- 3 huevos
- 175 g de harina
- 2 cucharaditas de levadura
- 100 g de nueces (peladas y picadas)
- 2 cucharadas de café instantáneo, mezcladas con 4 cucharadas de agua caliente
- 1 porción de almíbar (ver página 19), preparado con 1 cucharadita de café instantáneo o 50 ml de licor de café (opcional)

Para el relleno y decoración:
- 1 porción de crema de mantequilla que incorpore 3 cucharaditas de café instantáneo disueltas en una de agua (ver página 18)
- Nueces peladas

La receta estrella para aniversarios, días de San Valentín y celebraciones amorosas en general... ¡Es romántica a más no poder!

Terciopelo rojo

Precalentamos el horno a 180 °C y engrasamos y enharinamos los moldes. Ponemos la leche en un vaso, añadimos el zumo de limón y dejamos reposar unos 8 minutos. Aparte, tamizamos la harina con el cacao.

Batimos aceite, azúcar y huevos hasta que estén bien integrados. Batiendo a velocidad baja, añadimos la harina con cacao, alternándola con la leche. Mezclamos en un vasito el vinagre con el bicarbonato de soda y cuando burbujee lo incorporamos a la mezcla. Cuando esta sea homogénea, agregamos el colorante rojo y el extracto de vainilla. Así, podemos ajustar la cantidad para lograr la intensidad deseada.

Repartimos la masa entre los moldes y horneamos 25-30 minutos o hasta que los bordes del bizcocho se separen del molde y al introducir un palillo salga limpio. Desmoldamos cuando el molde esté templado y dejamos enfriar sobre una rejilla.

Montamos la tarta siguiendo las instrucciones de la página 12. Rellenamos con una capa de crema cada piso de bizcocho y después cubrimos la tarta con la crema sobrante y decoramos con las migas de los restos de bizcocho que nos habían sobrado al igualar los bizcochos antes de montar la tarta.

*Truco: Para lograr unas migas perfectas, frota los restos de bizcocho contra el colador: conseguirás un montón de migas uniformes para decorar la tarta.

Para el bizcocho:
Para tres moldes de 18 cm o dos de 20 cm
- 120 ml de aceite de oliva suave
- 320 g de azúcar
- 2 huevos
- 2 cucharadas rasas de cacao sin azúcar
- 1 cucharadita de colorante en pasta rojo (Sugarflair Extra Red)
- 3 cucharaditas de extracto de vainilla
- 250 ml de leche
- 2 cucharaditas de zumo de limón
- 300 g de harina
- 1 cucharadita de bicarbonato de soda
- 2 cucharaditas de vinagre blanco

Para el relleno y decoración:
- 2 porciones de crema de queso (ver página 19)

Oreo

Perfecta para merendar, para desayunar, para comer, para cenar... Vamos, que si por mí fuera ¡la comería a todas horas!

Precalentamos el horno a 180 °C. Engrasamos y enharinamos los moldes o los rociamos con espray desmoldante.

En un bol, tamizamos harina y levadura. Reservamos.

Batimos aceite, azúcar y huevos hasta que están bien integrados. Incorporamos la harina y batimos a velocidad baja. Añadimos la vainilla y mezclamos hasta que la masa sea homogénea. Incorporamos las galletas Oreo, machacadas. Pesamos la masa y la repartimos equitativamente entre los moldes.

Horneamos 25-30 minutos o hasta que los bordes del bizcocho se separen ligeramente del molde y al introducir un palillo salga limpio. Mientras se hornean, preparamos el almíbar.

Dejamos enfriar los bizcochos 5 minutos en su molde y después los pinchamos repetidamente con un palillo y los pintamos con el almíbar. Desmoldamos cuando el molde esté templado al tacto y dejamos enfriar por completo sobre una rejilla.

Preparamos la crema de queso. Reservamos dos buenas cucharadas para hacer las decoraciones y al resto le añadimos 15 Oreos trituradas con la picadora o finamente ralladas y tamizadas.

Montamos la tarta siguiendo las instrucciones de la página 12. Rellenamos y cubrimos con la capa de crema de queso con Oreo. Para decorar usaremos una manga con boquilla de estrella pequeña y Mini Oreos.

Para el bizcocho:

Para 3 moldes de 15 cm de diámetro
o 2 moldes de 18 cm de diámetro

- 200 ml de aceite
- 200 g de azúcar
- 200 g de harina
- 2 cucharaditas de levadura
- 4 huevos
- 1 cucharadita de pasta de vainilla
- 1 paquete de galletas Oreo (154 g)
- 1 porción de almíbar, preparado con 1 cucharadita de pasta de vainilla (ver página 19)

Para el relleno y decoración:

- 1 porción de crema de queso (ver página 19) a la que se añaden 15 Oreos trituradas
- Mini Oreos

¡Esta tarta es tan jugosa que siempre es un éxito asegurado!
Y a quienes os preocupe la línea, podéis prepararla sin la
crema: es deliciosa para desayunar ¡y muy muy sana!

Zanahoria

Precalentamos el horno a 180 °C. Engrasamos y enharinamos los moldes o los rociamos con espray desmoldante.

Tamizamos la harina con la canela y la levadura y reservamos. Aparte, rallamos la zanahoria y la manzana en un bol.

En otro bol, batimos los huevos con el azúcar y el aceite.
Incorporamos la harina. Con ayuda de una espátula, agregamos la manzana y la zanahoria rallada. Cuando esté todo
bien mezclado, añadimos las pasas y las nueces. Pesamos
la masa y la repartimos equitativamente entre los moldes.

Horneamos 25-30 minutos o hasta que al pinchar el bizcocho con un palillo, este salga limpio. Tras sacarlos, dejamos
los bizcochos 5 minutos en la bandeja de horno y después
los traspasamos a una rejilla.

Montamos la tarta siguiendo las instrucciones de la página 12. Rellenamos con una capa de crema cada piso de
bizcocho y decoramos el exterior con la espátula.

Para el bizcocho:

*Para 3 moldes de 15 cm de diámetro
o 2 moldes de 18 cm de diámetro*

- 210 g de harina
- 3 huevos
- 2 cucharaditas de levadura
- 180 ml de aceite
- 2 cucharaditas de canela
- 225 g de zanahorias
- 210 g de manzana
- 90 g de pasas
- 180 g de azúcar
- Un buen puñado de nueces peladas
  y picadas

Para el relleno y decoración:

- 1 porción de crema de queso
  (ver página 18)

Con esta tarta celebré que iba a escribir un segundo libro. Es una de mis favoritas. Esponjosa, ligera y dulce... ¡Qué más puedo pedir! En serio, probadla. ¡No os arrepentiréis!

Chocolate blanco

En un cazo, calentamos la leche con el chocolate hasta que se derrita por completo. Dejamos templar. Precalentamos el horno a 180 °C. Engrasamos y enharinamos los moldes o los rociamos con espray desmoldante. Tamizamos la harina con la levadura. Reservamos.

Batimos la mantequilla con el azúcar hasta que estén bien integrados. Incorporamos los huevos, uno a uno, hasta que la mezcla sea homogénea. Agregamos la harina y batimos de nuevo. Finalmente, incorporamos el chocolate que habíamos derretido. Pesamos la masa y la repartimos entre los moldes.

Horneamos 25-30 minutos o hasta que los bordes del bizcocho se separen ligeramente del molde y al introducir un palillo salga limpio. Desmoldamos cuando el molde esté templado al tacto y dejamos enfriar por completo sobre una rejilla.

Para la crema, derretimos el chocolate al baño maría y lo dejamos templar. Mientras tanto, preparamos una porción de crema de mantequilla. Cuando esté lista, y sin dejar de batir a máxima velocidad, incorporamos el chocolate derretido templado, batiendo dos minutos más.

Montamos la tarta siguiendo las instrucciones de la página 12. Rellenamos con una capa de crema cada piso de bizcocho y después cubrimos la tarta con la crema sobrante. Las marcas están realizadas con la espátula.

Para el bizcocho:
Para 3 moldes de 15 cm de diámetro
o 2 moldes de 18 cm de diámetro
- 150 g de chocolate blanco troceado
- 150 ml de leche
- 180 g de mantequilla
- 200 g de azúcar
- 200 g de harina
- 4 huevos
- 2 cucharaditas de levadura

Para el relleno y decoración:
- 1 porción de crema de mantequilla (ver página 18)
- 180 g de chocolate blanco

Mis amigos señalaron que estaba de muerte y, como prueba de que no estaban mintiendo, se la zamparon entera... ¡entre tres! La salsa es de frambuesas porque tengo debilidad por ellas, pero podéis hacerla del mismo modo con fresas, arándanos, moras...

New York cheesecake

Precalentamos el horno a 180 °C y engrasamos nuestro molde con espray desmoldante.

Trituramos las galletas hasta que parezcan pan rallado. Las mezclamos con la mantequilla fundida y el azúcar, y cubrimos la base del molde y los laterales hasta, al menos, unos 3 cm de altura. Metemos el molde en la nevera para que se endurezca.

Batimos el queso con el azúcar y la harina hasta que la mezcla sea homogénea. Incorporamos los huevos, uno a uno, y añadimos la nata y la vainilla. Mezclamos bien y rellenamos el molde. Horneamos durante 15 minutos a 180 °C y después a 120 °C durante 60-70 minutos, o hasta que la superficie se haya cuajado y solo quede el centro un poco húmedo.

Cuando esté a temperatura ambiente, pasamos un cuchillo por los bordes, entre el molde y la tarta (sin desmoldar, solo para quitar tensión y que no se agriete) y la metemos en la nevera durante al menos 6 horas (o mejor aún, toda la noche).

Calentamos a fuego lento los ingredientes de la salsa en un cazo, removiendo hasta que las frambuesas se hagan puré. Dejamos enfriar y servimos sobre la tarta o al lado.

*Truco: Esta tarta ha de conservarse en la nevera, pero gana mucho si la sacáis al menos 30 minutos antes de consumirla, para que esté a temperatura ambiente. ¡Ñam!

Para la base:

Para 1 molde desmontable alto de 18 a 20 cm de diámetro

- 170 g de galletas tipo maría, Graham Crakers o Digestive
- 45 g de azúcar
- 95 g de mantequilla

Para el relleno:

- 800 g de queso crema tipo Philadelphia (¡no *light*!)
- 160 g de azúcar
- 2 cucharadas de harina
- 4 huevos talla M
- 65 ml de nata de montar
- 1 cucharadita de vainilla en pasta

Para la salsa de frambuesas:

- 300 g de frambuesas
- 70 g de azúcar
- 2 cucharadas de maicena

Azúcar a porrón

Hace poco tuve la suerte de viajar a EE UU y allí me hinché de todo tipo de dulces que unían estos dos sabores: chocolate y mantequilla de cacahuete. Los tomé en forma de chocolatina, de helado, de tarta, de cupcakes, de galletas... ¡de todo! Y solo puedo decir... ¡que me encantaaaa!

Chocolate con mantequilla de cacahuete

Preparamos los bizcochos de chocolate siguiendo la receta de la página 25.

Mientras se enfrían, preparamos la crema. Para ello, batimos a velocidad media-alta la mantequilla, la mantequilla de cacahuete y la nata hasta que la mezcla sea homogénea y cremosa. A continuación, añadimos el azúcar superfino tamizado. Cubriendo el bol, batimos al menos otros 5 minutos a velocidad media-alta.

Para crear unas capas bien gruesas de relleno, vamos a seguir las instrucciones de la página 12, pero con una diferencia: encima de la primera capa de bizcocho colocaremos una capa de, aproximadamente, 2 cm de crema. A continuación la refrigeraremos en torno a 15 minutos o hasta que el relleno se solidifique un poco. Colocaremos el siguiente bizcocho encima, una nueva capa de 2 cm de grosor y, de nuevo, refrigeraremos el conjunto unos 15 minutos antes de colocar la tapa superior y aplicar la capa para sujetar las migas.

*Truco: El acabado se ha hecho con una espátula plástica con borde serrado. Tras aplicar la segunda capa de crema, se coloca perpendicular a la tarta mientras se gira con ayuda de la base giratoria (ver página 13).

Para el bizcocho:
Para 3 moldes de 15 cm de diámetro
o 2 moldes de 18 cm de diámetro
- 80 ml de aceite de oliva suave
- 250 g de azúcar
- 150 g de harina
- 50 g de cacao
- 2 cucharaditas de levadura
- 2 huevos talla M
- 150 ml de leche
- 1 cucharadita de extracto de vainilla
- 150 ml de agua hirviendo

Para la crema:
- 110 g de mantequilla sin sal
- 300 g de azúcar superfino
- 260 g de mantequilla de cacahuete
- 90 ml de nata de montar

La tarta de cerveza Guinness con chocolate es ya un clásico de la repostería anglosajona. En mi versión he incorporado unas fresas para añadir un toque ácido y afrutado a su chocolateado sabor

Guinness, chocolate y fresas

Precalentamos el horno a 180 °C. Engrasamos y enharinamos los moldes o los rociamos con espray desmoldante.

Ponemos la leche en un vaso y añadimos el zumo de limón. Dejamos reposar entre 5 y 10 minutos.

En un cazo, calentamos la cerveza a fuego lento junto a la mantequilla hasta que esta se derrita. Retiramos del fuego y añadimos azúcar y cacao, removiendo hasta que se disuelvan. Lo vertemos todo en el bol de la batidora y añadimos los huevos. A continuación, incorporamos la harina tamizada con la levadura, batiendo para que no se formen grumos. Finalmente, incorporamos la leche, la vainilla y los trocitos de fresa, batiendo hasta lograr una mezcla homogénea. Pesamos la masa y la repartimos equitativamente entre los moldes.

Horneamos 25-30 minutos o hasta que los bordes del bizcocho se separen ligeramente del molde y al introducir un palillo salga limpio. Tras hornear, desmoldamos cuando el molde esté templado al tacto y dejamos enfriar por completo sobre una rejilla.

Preparamos la crema de queso (ver página 19), pero usando mascarpone. Rellenamos los bizcochos con la crema de queso y decoramos con azúcar glas y unas fresas.

Para el bizcocho:
Para 3 moldes de 18 cm de diámetro
o 2 moldes de 20 cm de diámetro
- 200 ml de cerveza Guinness
- 200 g de mantequilla sin sal
- 70 g de cacao en polvo sin azúcar
- 325 g de azúcar
- 2 huevos
- 1 cucharadita de extracto de vainilla
- 100 ml de leche
- 1 cucharadita de zumo de limón
- 215 g de harina
- 2 cucharaditas de levadura
- Un puñado de fresas, lavadas y picadas en trocitos muy pequeñitos

Para la crema:
- 2 porciones de la crema de queso, preparada con mascarpone
- Fresas y azúcar glas para decorar

Mi obsesión con las *cookies* me ha llevado a experimentar hasta lograr el relleno con el sabor más parecido posible al de la masa de *cookies*. ¡Cuidado! ¡Es un relleno adictivo a más no poder!

Cookies

Precalentamos el horno a 180 °C. Engrasamos y enharinamos los moldes o los rociamos con espray desmoldante.

Batimos mantequilla y azúcar hasta que la mezcla se aclare y esté esponjosa. Incorporamos los huevos, batimos para que se mezclen bien y añadimos la harina y la levadura tamizadas. Batimos a velocidad baja e incorporamos la vainilla y los chips de chocolate. Mezclamos hasta que la masa sea homogénea y la repartimos equitativamente en los moldes.

Horneamos 25-30 minutos o hasta que los bordes del bizcocho se separen ligeramente del molde y al introducir un palillo salga limpio. Mientras, preparamos el relleno. Calentamos en un cazo la leche a fuego lento con el azúcar moreno y removemos hasta que se disuelva (la leche tendrá un tono marrón claro). Pasamos la leche a un bol, añadimos la harina y batimos enérgicamente con unas varillas para que no se formen grumos. Añadimos la mantequilla, batimos de nuevo e incorporamos la vainilla y los chips. Si la mezcla es demasiado blanda, la refrigeramos unos minutos hasta que coja consistencia.

Desmoldamos el bizcocho cuando esté templado y lo dejamos enfriar por completo sobre una rejilla. Montamos la tarta siguiendo las instrucciones de la página 12, rellenando con la crema de galleta cada piso de bizcocho. Cubrimos y decoramos con la crema de mantequilla de merengue italiano, dando el toque final con unas *minicookies*.

Para el bizcocho:

Para 3 moldes de 15 cm de diámetro
o 2 moldes de 18 cm de diámetro

- 200 g de mantequilla a temperatura ambiente
- 200 g de azúcar moreno
- 200 g de harina
- 2 cucharaditas de levadura
- 4 huevos
- 1 cucharadita de pasta de vainilla
- Un buen puñado de chips de chocolate negro, pasados por harina (para que no se vayan al fondo)

Para el relleno de galleta:

- 200 g de azúcar moreno
- 125 ml de leche
- 90 g de harina
- 125 g de mantequilla a temperatura ambiente
- 2 cucharadas de chips de chocolate
- 1 cucharadita de vainilla en pasta

Para la decoración:

- 1 porción de crema de mantequilla de merengue italiano, preparada con 2 cucharaditas de pasta de vainilla (ver página 18)
- 1 bolsa de *minicookies*

Poca gente puede resistirse a esta tarta. Es una bomba absoluta.
Abstenerse los poco golosos...

Caramelo

Precalentamos el horno a 180 °C y engrasamos los moldes. Batimos aceite, azúcar y huevos. Incorporamos la harina y la levadura tamizadas y batimos a velocidad baja. Mezclamos hasta que la masa sea homogénea y la repartimos entre los moldes.

Horneamos 25-30 minutos y mientras tanto preparamos el almíbar. Dejamos enfriar los bizcochos 5 minutos en su molde y después los pinchamos con un palillo y los pintamos con el almíbar. Desmoldamos y dejamos enfriar sobre una rejilla.

Calentamos la mantequilla con el azúcar moreno a fuego medio durante 4-5 minutos, sin parar de remover. Cuando empiece a burbujear, retiramos del fuego e incorporamos la nata (¡cuidado, a veces salpica!). Removemos 2 minutos más al fuego o hasta que la mezcla burbujee de nuevo y tenga el color del toffee. La batimos a velocidad alta mientras añadimos, poco a poco, el azúcar superfino. Batimos al menos 5 minutos o hasta que la mezcla se aclare y coja consistencia.

Alineamos los bizcochos y rellenamos con la crema (yo uso la manga pastelera con boquilla redonda). Cubrimos la parte superior con la crema y, encima, con el dulce de leche, echando el suficiente para que caiga por los laterales. Decoramos con caramelos tipo toffee picados.

Nota: La crema de caramelo se endurece con el paso de las horas, por lo que hay que conservarla cubierta con film (a piel). Es mejor hacerla y consumirla en el día.

Para el bizcocho:
Para 3 moldes de 15 cm de diámetro
o 2 moldes de 18 cm de diámetro
- 200 g de aceite suave
- 200 g de azúcar moreno
- 200 g de harina
- 2 cucharaditas de levadura química
- 4 huevos
- 1 porción de almíbar, preparado con 2 cucharaditas de aroma de caramelo o (mejor aún) 50 ml de licor de caramelo/vodka al caramelo (ver página 19)

Para el relleno:
- 125 g de mantequilla
- 170 g de azúcar moreno
- 120 ml de nata para montar
- 350 g de azúcar superfino

Para la decoración:
- 1 bote de dulce de leche argentino de buena calidad.
- Caramelos tipo toffee picados en trocitos chiquititos

Los puristas dirán que esto no es una tarta... pues yo digo: ¡ojalá pase a serlo! Yo, por lo pronto, pienso hornearla para todos mis cumpleaños el resto de mi vida.

Rollos de canela

Calentamos la leche con la mantequilla, la sal y el azúcar hasta que se funda la mantequilla, pero sin que llegue a hervir. Batimos a velocidad baja e incorporamos la mitad de la harina con la levadura, y después los huevos, uno a uno. Batimos unos 3 minutos a velocidad máxima. Cambiamos al gancho para masas (o amasamos sobre la mesa) e incorporamos poco a poco el resto de la harina, mientras batimos a velocidad baja-media. Tras 3-5 minutos la masa estará elástica y no pegajosa. La ponemos en un bol grandote, tapado con film y en un lugar calentito, y esperamos entre 1,5 y 2 horas, hasta que doble su volumen. Mientras, preparamos el relleno mezclando los ingredientes con un par de cuchillos, hasta que parezcan migas.

Espachurramos la masa con el puño para que pierda el aire y esperamos 10 minutos. Luego, la estiramos hasta lograr un cuadrado de 30 x 30 cm. Repartimos el relleno por encima, enrollamos la masa y pegamos los extremos con un poquito de nata. Cortamos 8 rodajas y las colocamos sobre una fuente para horno (de vidrio o cerámica) engrasada. Las dejamos reposar 1 hora, hasta que doblen su tamaño, las pintamos con nata y las horneamos a 190 °C durante 25-30 minutos. Finalmente, mezclamos los ingredientes del glaseado y lo repartimos sobre los rollos antes de servir.

*Truco: Puedes hacer la masa y cortar los rollos la noche anterior. Los guardas en la nevera y al día siguiente solo tienes que dejarlos a temperatura ambiente unos 25-30 minutos y hornearlos a continuación. ¡Un desayuno delicioso!

Para la masa:
- 650 g harina
- 1 paquete (7 g) de levadura seca de panadero
- 250 ml de leche
- 75 g de mantequilla
- 75 g de azúcar blanco
- 1/2 cucharadita de sal
- 4 huevos talla M

Para el relleno:
- 150 g de azúcar moreno
- 40 g de harina
- 120 g de mantequilla fría cortada en cubitos ultrachiquititos
- 3,5 cucharaditas de canela
- 1 cucharadita de clavo molido
- 1/2 cucharadita de nuez moscada
- 1 cucharadita de anís en polvo
- 1/2 cucharadita de jengibre en polvo
- Una pizca de cardamomo en polvo

Para el glaseado:
- 50 g de azúcar glas
- 2 cucharadas de nata líquida
- Un chorrito de agua

Si la combinación de chocolate y naranja es ya de por sí irresistible, el toque de Cointreau hace que se convierta en un placer sin igual para los sentidos. ¡Y es, cómo no, una de las tartas favoritas de mi madre!

Chocolate y naranja

Precalentamos el horno a 180 °C. Engrasamos y enharinamos los moldes o los rociamos con espray desmoldante. En un bol, tamizamos harina, cacao y levadura. Reservamos.

Batimos aceite, azúcar y huevos hasta que están bien integrados. Incorporamos la mezcla de harina y cacao. Una vez que sea homogénea, incorporamos la leche y la ralladura de naranja y batimos de nuevo. Finalmente vertemos el agua hirviendo. Batimos de nuevo. Pesamos la masa y la repartimos equitativamente entre los moldes.

Horneamos 25-30 minutos o hasta que los bordes del bizcocho se separen ligeramente del molde y al introducir un palillo salga limpio.

Dejamos enfriar los bizcochos 5 minutos en su molde y después los pinchamos repetidamente con un palillo y los pintamos con el almíbar. Desmoldamos cuando el molde esté templado al tacto y dejamos enfriar por completo sobre una rejilla. Mientras tanto, preparamos la crema intensa de chocolate, sustituyendo 30 ml de la leche por Cointreau.

Igualamos los bizcochos y montamos la tarta, alternando cada capa de bizcocho con una capa de crema de chocolate intenso y otra de mermelada. Decoramos con la espátula y naranjas confitadas.

Para el bizcocho:
Para 3 moldes de 15 cm de diámetro
o 2 moldes de 18 cm de diámetro
- 80 ml de aceite de oliva suave
- 250 g de azúcar
- 150 g de harina
- 50 g de cacao
- 2 cucharaditas de levadura
- 2 huevos talla M
- 150 ml de leche
- La ralladura de una naranja
- 150 ml de agua hirviendo
- 1 porción de almíbar, preparado con 50 ml de Cointreau (ver página 19)

Para el relleno y decoración:
- 1 porción de crema intensa de chocolate, sustituyendo 30 ml de la leche por Cointreau (ver página 19)
- Mermelada de naranja
- Naranjas confitadas

Espectacular y sin necesidad de horno. Pero que conste que yo no os he obligado a hacerlo. No vale luego escribirme quejándoos porque os lo habéis comido entero en menos de una hora...

Cheesecake de dulce de leche

Para preparar la base, trituramos las galletas maría hasta que parezcan pan rallado. Las mezclamos con la mantequilla derretida y el azúcar. A continuación, repartimos esta mezcla por la base y los laterales de nuestro molde, que previamente habremos engrasado con mantequilla o un espray desmoldante. Dejamos enfriar en la nevera mientras preparamos el relleno.

Batimos, por separado, la nata hasta que esté montada, y el queso con el azúcar y la vainilla. A continuación, incorporamos con cuidado la mezcla de queso a la nata, ayudándonos con una espátula de silicona. Vertemos la mezcla sobre la base que habíamos preparado y la dejamos enfriar, al menos, 8 horas.

Antes de servir, desmoldamos la tarta, decoramos la superficie con todo el dulce de leche que podamos y espolvoreamos unas virutas de chocolate blanco. Consumimos de inmediato y con desenfreno.

*Truco: Podéis sustituir las galletas maría por oreos, echar unas cuantas oreos ralladas en la masa y después decorar con leche condensada. ¡Yo solo doy ideas, que conste!

Para la base:
Medidas para un molde desmontable de 18 cm
- 170 g de galletas maría
- 45 g de azúcar
- 95 g de mantequilla

Para la crema:
- 500 g de queso tipo Philadelphia, frío
- 180 g de azúcar
- 200 ml de nata de montar, fría
- 1 cucharadita de extracto de vainilla
- 1 bote de dulce de leche
- Virutas de chocolate blanco

Desde que aprendí a caramelizar los plátanos con una receta de Martha Stewart, me paso el día buscando una excusa para caramelizarlos y zampármelos... ¡Esta es la mejor excusa que he encontrado!

Chocolate, plátano y ron

Precalentamos el horno a 180 °C. Engrasamos y enharinamos los moldes. En un bol, tamizamos harina, cacao y levadura. Reservamos. Batimos aceite, azúcar y huevos hasta que están bien integrados. Incorporamos la mezcla de harina y cacao. Una vez que la mezcla sea homogénea, incorporamos el puré de plátano y batimos de nuevo. Repartimos la masa entre los moldes y horneamos 25-30 minutos.

Dejamos enfriar los bizcochos 5 minutos en su molde y después los pinchamos con un palillo y los pintamos con el almíbar. Desmoldamos cuando el molde esté templado y dejamos enfriar por completo sobre una rejilla.

Mientras se enfrían, calentamos el azúcar a fuego fuerte hasta que se caramelice. Lo retiramos del fuego, añadimos la mantequilla, removemos hasta que se disuelva y volvemos a poner el recipiente a fuego medio. Incorporamos los plátanos, pelados y cortados en rodajas, y dejamos que se caramelicen durante unos 4 minutos, dándoles la vuelta de vez en cuando.

Igualamos los bizcochos y montamos la tarta, rellenándola con el plátano caramelizado. Decoramos con la crema de queso, usando la espátula y una manga pastelera de boquilla redonda.

Para el bizcocho:
Para 3 moldes de 15 cm de diámetro
o 2 moldes de 18 cm de diámetro
- 200 ml de aceite
- 200 g de azúcar
- 200 g de harina
- 2 cucharadas de cacao en polvo
- 2 cucharaditas de levadura
- 4 huevos
- 2 plátanos muy maduros hechos puré
- 1 porción de almíbar, preparado con 70 ml de ron (ver página 19)

Para el relleno:
- 3 plátanos grandes muy maduros
- 60 g de azúcar
- 45 g de mantequilla

Para la decoración:
- 1 porción de crema de queso, sustituyendo dos cucharadas de leche por ron (ver página 19)

Esta es mi versión más chocolateada de esa dulce bebida que tan bien sienta cuando hace frío. Espero que os guste y la disfrutéis en las largas tardes de invierno

Café irlandés

Precalentamos el horno a 180 °C. Engrasamos y enharinamos los moldes o los rociamos con espray desmoldante.

En un bol, tamizamos la harina, el cacao y la levadura química. Reservamos.

Batimos el aceite, el azúcar y los huevos hasta que están bien integrados. Incorporamos la mezcla de harina y cacao. Una vez que la mezcla sea homogénea, añadimos la leche y, a continuación, el café, bien caliente. Batimos de nuevo. Pesamos la masa y la repartimos equitativamente entre los moldes.

Horneamos 25-30 minutos o hasta que los bordes del bizcocho se separen ligeramente del molde y al introducir un palillo salga limpio.

Dejamos enfriar los bizcochos 5 minutos en su molde y después los pinchamos repetidamente con un palillo y los pintamos con el almíbar. Desmoldamos cuando el molde esté templado y dejamos enfriar por completo sobre una rejilla.

Montamos la nata, añadiendo el azúcar al final, al gusto. Igualamos los bizcochos y montamos la tarta rellenándolos con la crema intensa de chocolate. Decoramos la parte superior con la nata, imitando la apariencia de un café irlandés. Tamizamos cacao en polvo por encima y finalizamos añadiendo una rosa de pasta de flores en el centro.

Para el bizcocho:

Para 3 moldes de 15 cm de diámetro o 2 moldes de 18 cm de diámetro

- 80 ml de aceite de oliva suave
- 250 g de azúcar moreno
- 150 g de harina
- 50 g de cacao
- 2 cucharaditas de levadura química
- 2 huevos talla M
- 150 ml de leche
- 150 ml de café bien caliente
- 1 porción de almíbar, preparado con 50 ml de whisky y dos cucharaditas de café instantáneo (ver página 19)

Para decorar:

- 1/2 porción de crema intensa de chocolate (ver página 19)
- 150 ml de nata para montar
- Azúcar glas (al gusto)
- Cacao en polvo
- 1 rosa de pasta de flores

Delicias
para peques

El sabor de esta tarta va más allá de lo humanamente imaginable. Es tan deliciosa que te dan ganas de comerte la tarta, el plato, el tenedor, la servilleta...

Nocilla blanca y negra

Precalentamos el horno a 180 °C. Engrasamos y enharinamos los moldes o los rociamos con espray desmoldante.

Batimos el aceite, el azúcar y los huevos. Incorporamos la harina y la levadura tamizadas, batimos a velocidad baja y añadimos la pasta de avellana. Repartimos entre los moldes.

Horneamos 25-30 minutos o hasta que los bordes del bizcocho se separen ligeramente del molde. Desmoldamos cuando el molde esté templado y dejamos enfriar sobre una rejilla.

Preparamos una porción de crema de mantequilla, añadimos la Nocilla blanca y batimos 4–5 minutos a velocidad máxima, hasta que la mezcla esté cremosa y parezca un helado. Repetimos la operación con la segunda porción de crema de mantequilla y la Nocilla normal.

Igualamos los bizcochos y montamos la tarta (ver página 12), rellenando y cubriendo con la crema de Nocilla blanca. Para decorar, seguimos las indicaciones para la decoración con bolas de la página 16, usando la crema de Nocilla normal.

*Truco: Recorta triangulitos de tela o papel y pégalos a una cuerdecita. Átala a dos palitos de los que se usan para las banderillas... ¡y ya tienes una preciosa decoración!

Para el bizcocho:
Para 3 moldes de 15 cm de diámetro
o 2 moldes de 18 cm de diámetro
- 200 g de aceite
- 200 g de azúcar
- 200 g de harina
- 2 cucharaditas de levadura
- 4 huevos
- 1 cucharada de pasta de avellana

Para el relleno y decoración:
- 2 porciones de crema de mantequilla (ver página 18)
- 190 g de Nocilla normal
- 190 g de Nocilla blanca

Esta tarta es la versión más natural y ligera del popular *cheesecake* arcoíris. Evitando el uso de colorantes y aligerando su textura mediante la gelatina se logra una tarta deliciosa, liviana... ¡y muy peligrosa! Antes de darte cuenta te habrás comido la mitad...

Mousse tutti frutti arcoíris

Trituramos las galletas maría hasta que parezcan pan rallado. Las mezclamos con la mantequilla derretida y el azúcar, y repartimos la mezcla por la base del molde, que previamente habremos engrasado con mantequilla o un espray desmoldante. Dejamos enfriar en la nevera mientras preparamos el relleno.

Ponemos todos los ingredientes, menos la nata y la fruta en pasta, en un cazo y calentamos a fuego lento, removiendo para que la mezcla no se pegue y hasta que comience a hervir. Retiramos del fuego y, en cuanto se haya templado, agregamos la nata montada con ayuda de una espátula. Dividimos la *mousse* en cuatro recipientes. Al primero le añadimos la frambuesa; al segundo, la mora; al tercero, el mango, y al último, el limón.

Repartimos la *mousse* de frambuesa sobre la base de galleta y la metemos 8 minutos al congelador (o hasta que esté firme). Luego, ponemos encima la *mousse* de mora, congelamos y repetimos el proceso con el mango y el limón. Dejad la tarta en la nevera durante, al menos, 6 horas antes de consumirla.

*Truco: Puedes sustituir los aromas por una cucharadita de extracto de vainilla y teñir las capas con colorantes en pasta. No será tan tutti frutti, pero ¡estará buenísima!

Para la base:
Ingredientes para un molde de 18 cm desmontable
- 170 g de galletas maría
- 45 g de azúcar
- 95 g de mantequilla

Para la mousse:
- 125 ml de leche
- 2 yemas de huevo
- 1 cucharada de gelatina en polvo
- 100 g de azúcar
- 350 ml de nata de montar
- 320 g de queso
- 2 cucharadas de frambuesa en pasta
- 1 cucharada de limón en pasta
- 2 cucharadas de mora en pasta
- 2 cucharadas de mango en pasta

Esta tarta fue fruto de un error maravilloso. Estaba a mitad de receta cuando vi que, por un despiste, había usado una tarrina de mascarpone en lugar de una de tipo Philadelphia... ¡y encima de menor capacidad! Total, que aun así decidí seguir adelante y ver qué pasaba. El resultado fue una tarta suave y cremosa que ahora no puedo dejar de hornear en cuanto tengo ocasión. ¡Os va a encantar!

Cheesecake de Oreo

Precalentamos el horno a 180 °C y engrasamos nuestro molde con espray desmoldante. Trituramos las galletas hasta que parezcan pan rallado. Las mezclamos con la mantequilla fundida y el azúcar y las usamos para cubrir la base del molde. La metemos en la nevera para que se endurezca.

Mientras se enfría la base, preparamos el relleno. Batimos los dos quesos con el azúcar y la harina hasta que la mezcla sea homogénea e incorporamos los huevos uno a uno. Añadimos la nata y las Oreo machacadas, mezclamos de nuevo a velocidad baja para lograr homogeneidad y rellenamos el molde.

Horneamos la tarta durante 15 minutos a 180 °C y después a 120 °C durante 60-70 minutos, o hasta que la superficie se haya cuajado y solo quede el centro un poco húmedo. La sacamos del horno y, cuando esté a temperatura ambiente, pasamos un cuchillo entre el molde y la tarta (sin desmoldar, solo para que no se agriete) y la metemos en la nevera durante unas 6 horas (o mejor aún, toda la noche). Con una cuchara, decoramos con nata montada y azucarada y rallamos una Oreo por encima.

*Truco: Para machacar las Oreo, las meto en una bolsa para congelados, las coloco sobre un trapo y les doy unos cuantos rodillazos, ¡con el rodillo no con la rodilla! (Es el método más rápido e indoloro).

Para 1 molde desmontable alto de 18 cm de diámetro:
- 100 g de galletas Oreo
- 25 g de azúcar
- 50 g de mantequilla

Para el relleno:
- 300 g de queso crema tipo Philadelphia (¡no light!)
- 250 g de queso mascarpone
- 160 g de azúcar
- 1 cucharada de harina
- 3 huevos talla M
- 50 ml de nata de montar
- 10 galletas Oreo machacadas

Para la decoración:
- 150–200 ml de nata de montar
- Azúcar superfino al gusto
- Galletas Oreo

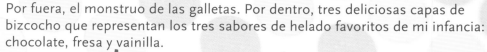

Por fuera, el monstruo de las galletas. Por dentro, tres deliciosas capas de bizcocho que representan los tres sabores de helado favoritos de mi infancia: chocolate, fresa y vainilla.

Monstruo de las galletas

Precalentamos el horno a 180 °C. Engrasamos y enharinamos los moldes o los rociamos con espray desmoldante. Tamizamos la harina y la levadura.

Batimos la mantequilla y el azúcar hasta que la mezcla se aclare. Añadimos los huevos, uno a uno, y batimos. Incorporamos la harina y batimos a velocidad baja. Pesamos la masa y la repartimos entre tres recipientes. Al primero le añadimos el Nesquik de fresa disuelto en una cucharada de leche; al segundo, los chips de chocolate y el cacao disuelto en una cucharada de leche, y al tercero, la vainilla en pasta. Mezclamos hasta que cada masa sea homogénea y las vertemos en su molde respectivo .

Horneamos 25-30 minutos o hasta que los bordes del bizcocho se separen ligeramente del molde. Desmoldamos cuando el molde esté templado y dejamos enfriar por completo sobre una rejilla. Mientras tanto, preparamos la crema de mantequilla y luego la teñimos de azul hasta lograr el tono deseado.

Montamos la tarta (ver página 12) rellenándola con la crema azul. Tras los pasos 1 y 2, llenamos la manga y comenzamos a aplicar los "pelos", primero por los laterales de la tarta, comenzando en la parte superior y hacia abajo; después cubrimos la superficie con líneas horizontales. Finalmente, hacemos la cara del monstruo con las bolas de *fondant* y la *cookie*.

Para el bizcocho:
Para 3 moldes de 15 cm de diámetro
- 200 g de mantequilla
- 200 g de azúcar
- 200 g de harina
- 2 cucharaditas de levadura química
- 4 huevos
- 2 cucharadas de Nesquik de fresa
- 3 cucharadas de chips de chocolate con leche pasados por harina
- 2 cucharadas de cacao instantáneo
- 1 cucharadita de vainilla en pasta

Para el relleno y decoración:
- 2 porciones de crema de mantequilla, preparadas con 2 cucharaditas de vainilla en pasta (ver página 18).
- Colorante azul en pasta
- 2 bolas de *fondant* blanco y dos bolas pequeñas de *fondant* negro
- 1 *cookie* grande
- Boquilla de "césped" para la manga pastelera

Este es mi homenaje al postre que mi hermano y yo siempre devoramos cuando vamos a un restaurante de comida americana. Servida templada y con helado de chocolate se convierte en una tentación difícil de resistir.

Cookie gigante

Calentamos la mantequilla en nuestra sartén de hierro colado (o, en su defecto, en un cazo). Cuando se haya derretido, retiramos del fuego. Incorporamos el azúcar, removemos bien. Añadimos el huevo batido con la pasta de vainilla. Mezclamos con una cuchara de madera hasta lograr homogeneidad. Incorporamos la mantequilla de cacahuete (opcional) y, a continuación, la harina tamizada con la levadura. Finalmente, añadimos los chips de chocolate, el chocolate troceado y las nueces. Mezclamos bien. Extendemos la mezcla por toda la sartén (o transferimos al molde engrasado).

Horneamos 15–18 minutos o hasta que la *cookie* gigante esté bien dorada pero blandita por dentro. La dejamos templar un poco y la servimos acompañada de helado y sirope de chocolate.

Ingredientes para una sartén de hierro colado (o un molde redondo, en su defecto) de 20 cm de diámetro:

- 115 g de mantequilla
- 1 huevo
- 200 g de azúcar moreno
- 200 g de harina
- 1 cucharadita de levadura
- 75 g de chips de chocolate
- 75 g de chocolate negro en trozos grandotes
- Un puñado de nueces (opcional)
- 2 cucharadas de mantequilla de cacahuete (opcional)
- 1 cucharadita de pasta de vainilla

Confeti y limón

Precalentamos el horno a 180 °C. Engrasamos y enharinamos los moldes o los rociamos con espray desmoldante. En un bol, tamizamos la harina y la levadura, y reservamos.

Batimos la mantequilla y el azúcar hasta que la mezcla se aclare. Incorporamos los huevos uno a uno, batiendo hasta que estén bien integrados, y agregamos la harina. Cuando la mezcla sea homogénea, añadimos la ralladura de limón y el confeti y batimos de nuevo. Repartimos la masa entre los moldes.

Horneamos unos 25 minutos o hasta que los bordes del bizcocho se separen ligeramente del molde y al introducir un palillo salga limpio. Los dejamos enfriar 5 minutos en su molde y después los pinchamos con un palillo y los pintamos con el almíbar de limón. Desmoldamos cuando el molde esté templado y dejamos enfriar sobre una rejilla.

Preparamos la crema de queso, añadiendo el extracto o la ralladura de limón. Reservamos 2/3 de la crema. Al resto le incorporamos unos confeti y mezclamos bien.

Igualamos los bizcochos y montamos la tarta (ver página 12), colocando entre ellos una capa de *lemon curd* y encima otra de crema de queso con confeti. Decoramos el exterior con la espátula, usando la crema que habíamos reservado, y finalmente espolvoreamos con *sprinkles*.

Para el bizcocho:

Para 3 moldes de 15 cm de diámetro o 2 moldes de 18 cm de diámetro

- 200 g de mantequilla
- 200 g de azúcar
- 200 g de harina
- 2 cucharaditas de levadura
- 4 huevos
- La ralladura de un limón
- Un puñado de confeti comestible de colores (*sprinkles*)
- 1 porción de almíbar, preparado añadiendo la ralladura de otro limón (ver página 19)

Para el relleno y la decoración:

- *Lemon curd* o mermelada de limón
- 1 porción de crema de queso (ver página 19) preparada con una cucharadita de extracto de limón o la ralladura muy fina de un limón
- Más confeti comestible

Chicle

Rosa y con sabor a chicle, ¿qué más se puede pedir? Si tuviera 5 años otra vez y me hicieran esta tarta, ¡moriría de felicidad! Para qué engañarnos, tengo 28 y si me la hicieran... ¡también moriría de felicidad!

Precalentamos el horno a 180 °C. Engrasamos y enharinamos los moldes o los rociamos con espray desmoldante.

En un bol, tamizamos la harina y la levadura. Reservamos. Batimos la mantequilla y el azúcar hasta que la mezcla se aclare. Añadimos los huevos uno a uno, batiendo hasta que estén bien integrados. Echamos la harina. Una vez que la mezcla sea homogénea, incorporamos la pasta de chicle y batimos de nuevo. Pesamos la masa y la repartimos equitativamente entre los moldes.

Horneamos unos 25 minutos o hasta que los bordes del bizcocho se separen ligeramente del molde y al introducir un palillo salga limpio. Desmoldamos cuando el molde esté templado al tacto y dejamos enfriar por completo sobre una rejilla.

Preparamos la crema de mantequilla de merengue italiano, añadiendo 1 o 2 cucharadas de chicle en pasta (al gusto) al final.

Igualamos los bizcochos y montamos la tarta siguiendo las instrucciones de la página 12, rellenando con una capa de crema de mantequilla de merengue italiano cada piso de bizcocho. Para adornar el exterior usamos una boquilla de estrella pequeña y las bolas de chicle. El toque final consistirá en añadir un poco de purpurina comestible.

Para el bizcocho:
Para 3 moldes de 15 cm de diámetro
o 2 moldes de 18 cm de diámetro
- 200 g de mantequilla
- 200 g de azúcar
- 200 g de harina
- 2 cucharaditas de levadura
- 4 huevos
- 2 cucharadas de pasta de chicle

Para el relleno y la decoración:
- 1 porción de crema de mantequilla (ver página 18) de merengue italiano, añadiendo al final una 1 o 2 cucharadas de chicle en pasta
- Bolas de chicle
- Purpurina comestible

Cupcake gigante

Precalentamos el horno a 180 °C y engrasamos el molde. Batimos las claras hasta que estén a punto de nieve, haciendo picos duros. Añadimos el azúcar y batimos de nuevo hasta tener una mezcla brillante. Seguimos a mano, con una espátula, e incorporamos el aceite y luego las yemas de huevo batidas. Finalmente agregamos la harina, la levadura y la almendra tamizadas, intentando que no baje la mezcla.

Repartimos la mezcla en las dos cavidades del molde, siguiendo las instrucciones del fabricante, y horneamos durante 45-55 minutos, o hasta que los bordes del bizcocho se separen del molde. Desmoldamos cuando el molde esté templado y dejamos enfriar sobre una rejilla. Mientras tanto, preparamos las cremas y teñimos de rosa intenso la de queso.

Una vez fríos, igualamos la parte superior de los bizcochos. A continuación, dividimos la base por la mitad para almibararla y rellenarla con mermelada. Juntamos de nuevo las mitades y cubrimos con una capa de crema intensa de chocolate. A continuación, marcamos los "pliegues de la cápsula" con una espátula. Aplicamos una capa de mermelada en su superficie y colocamos encima la parte superior del bizcocho. Con la manga pastelera provista de una boquilla de estrella pequeña, dibujamos rosetones por toda la parte superior, hasta que esté cubierta por completo. Finalizamos decorando con pequeñas flores de *fondant: sprinkles,* chuches o lo que más nos apetezca.

Ingredientes para un molde de cupcake gigante:

- 6 huevos
- 250 g de azúcar blanco
- 75 ml de aceite suave
- 180 g de harina
- 80 g de almendra molida (o harina de almendra)
- 2 cucharaditas de levadura química
- 1 porción de almíbar, preparada con una cucharadita de extracto de almendra

Para rellenar y decorar:

- 1 porción de crema intensa de chocolate (ver página 19)
- 1 porción de crema de queso (ver página 19)
- Colorante en pasta rosa intenso
- Mermelada de fresa

Una de las tartas más populares en EE UU cuando se trata de celebrar un cumple infantil. A mí me encanta por su sencillez y porque me transmite muchísima alegría.

Arcoíris

Precalentamos el horno a 180 °C. Engrasamos y enharinamos los moldes o los rociamos con espray desmoldante.

En un bol, tamizamos la harina y la levadura. Reservamos. Batimos el aceite, el azúcar y los huevos hasta que están bien integrados. Incorporamos la harina y batimos a velocidad baja. Añadimos la vainilla y mezclamos hasta que la masa sea homogénea. La pesamos y la repartimos equitativamente entre 5 boles. Teñimos cada bol con uno de los colorantes en pasta hasta que los colores sean bonitos y brillantes.

Horneamos cada bizcocho 20-22 minutos o hasta que sus bordes se separen ligeramente del molde y al introducir un palillo salga limpio. Desmoldamos cuando los moldes estén templados y dejamos enfriar los bizcochos sobre una rejilla.

Preparamos la crema de mantequilla añadiéndole la de *marshmallows* y batiendo unos 2 minutos más a máxima velocidad.

Montamos la tarta siguiendo las instrucciones de la página 12, rellenando con una capa de crema de mantequilla y *marshmallows* cada piso de bizcocho. Como es muy consistente, nos permitirá aplicar una capa más gruesa, sin tener que refrigerar entre piso y piso. Dejamos el exterior en blanco o decoramos con *sprinkles* (confeti comestible) de colores.

Para el bizcocho:

Para 5 moldes de 15 cm de diámetro (podemos hornearlos todos a la vez o en varias tandas: primero 2 y luego 3, o 2, 2 y 1... según el número de moldes que tengáis)

- 250 ml de aceite
- 250 g de azúcar
- 250 g de harina
- 2'5 cucharaditas de levadura
- 5 huevos
- 1 y 1/2 cucharaditas de pasta de vainilla
- Colorantes en pasta rojo, azul, verde, amarillo y naranja

Para el relleno y decoración:

- Una porción de crema de mantequilla (ver página 18)
- 1/2 bote de crema de *marshmallows* (Marshmallow Fluff)

Que los *brownies* no se tomen a modo de tarta no quiere decir que no puedan serlo, ¿no? Esta es mi propuesta para los cumples más chocoadictos: tarta de *brownie* calentita servida con unas bolas de helado de chocolate, *brownie* y chips...

Brownie

Precalentamos el horno a 180 °C. Engrasamos nuestro molde.

En un cazo, derretimos a fuego lento la mantequilla junto con el chocolate en trocitos. Dejamos templar. En un bol, batimos el azúcar moreno y blanco, los huevos y la vainilla hasta que la mezcla esté bien integrada y esponjosa. Incorporamos poco a poco el chocolate derretido, sin dejar de batir. A continuación, la harina, batiendo de nuevo hasta que la mezcla sea homogénea. Añadimos los chips de chocolate y las nueces.

Echamos la masa en el molde y horneamos unos 40 minutos, o hasta que el *brownie* haya creado su característica costra y al pincharlo con un palillo este salga limpio.

*Truco: Para conseguir helado de chocolate con *brownie* (como el de la foto), hornea otro *brownie* en un molde más pequeño (dividiendo todas las cantidades entre tres y reduciendo el tiempo de horneado). Mientras está en el horno, saca la tarrina de helado de la nevera para que se ablande. Cuando el *brownie* esté templado solo tienes que hacerlo trocitos y mezclarlo bien con el helado semiderretido.

Para un molde de 20-22 cm de diámetro:

- 160 g de mantequilla
- 250 g de chocolate negro, partido en trocitos
- 160 g de azúcar blanco
- 140 g de azúcar moreno
- 3 huevos
- 120 g de harina
- 100 g de chips de chocolate blanco, con leche o negro
- 1 cucharadita de extracto de vainilla
- Un puñado de nueces

Para celebrar

No se me ocurre nada mejor para culminar una comida de Navidad (y de paso, escapar por una vez del tronco de Navidad sin tener por ello que abandonar el chocolate). Para desayunar también está de muerte. Y para merendar. Y entre semana. Y los fines de semana...

Bundt cake de chocolate

Derretimos el chocolate negro al baño maría. Dejamos templar. Precalentamos el horno a 180 °C. Engrasamos nuestro molde de *bundt cake* con espray desmoldante.

Mezclamos la leche con el zumo de limón y dejamos reposar 10 minutos. Tamizamos la harina, el cacao y la levadura.

Batimos el aceite, el azúcar y los huevos en un bol, hasta que la mezcla sea homogénea. Sin dejar de batir, añadimos la mitad de la harina y, a continuación, la mitad de la leche, hasta lograr una mezcla homogénea. Incorporamos el resto de la harina, el resto de la leche y, finalmente, cuando la mezcla sea homogénea, el chocolate derretido.

Echamos la mezcla en el molde y horneamos durante 50 minutos, o hasta que al introducir un palillo salga limpio.

Dejamos enfriar en el molde 10 minutos. Tras ese tiempo, volcamos el *bundt cake* sobre una rejilla y lo dejamos enfriar por completo. Antes de servirlo lo decoramos con azúcar glas con ayuda de un tamiz y un acebo de *fondant*.

Para un molde de *bundt cake*:

- 250 g de chocolate negro troceado
- 2 cucharadas de cacao en polvo
- 250 ml de aceite suave de oliva
- 200 g de azúcar
- 4 huevos
- 1 cucharadita de extracto de vainilla
- 300 g harina
- 1 y 1/2 cucharaditas de levadura
- 220 ml de leche
- 1 cucharadita de zumo de limón
- Azúcar glas para decorar
- Acebo hecho de *fondant*

Al hornear esta tarta huele a Navidad. ¡Es maravilloso! Y encima queda taaaan jugosa...

Canela y manzana

Precalentamos el horno a 180 °C. Engrasamos y enharinamos los moldes o los rociamos con espray desmoldante.

En un bol, tamizamos la harina, la canela y la levadura. Aparte, batimos el aceite, el azúcar y los huevos. Añadimos la harina y batimos a velocidad baja hasta que la masa sea homogénea. Incorporamos los dados de manzana con ayuda de una espátula. Repartimos la masa entre los moldes.

Horneamos 25-30 minutos o hasta que los bordes del bizcocho se separen del molde y al introducir un palillo salga limpio. Dejamos enfriar los bizcochos 5 minutos en su molde y después los pinchamos con un palillo y los pintamos con el almíbar. Desmoldamos cuando el molde esté templado y dejamos enfriar por completo sobre una rejilla. Mientras, preparamos la crema de queso con 2 cucharaditas de canela en polvo para lograr un sabor más navideño.

Montamos la tarta (ver página 12), rellenamos con una capa de crema cada piso de bizcocho y usamos una manga con boquilla de estrella grande para decorar la parte superior.

*Truco: Mi colgador de ropa de Santa Claus lo hice con dos adornos del árbol de Navidad, pero tú puedes hacerlo igual recortando la ropa en cartulina y haciendo las perchitas con dos clips.

Para el bizcocho:
Para 3 moldes de 15 cm de diámetro
o 2 moldes de 18 cm de diámetro
- 200 ml de aceite
- 200 g de azúcar
- 200 g de harina
- 2 cucharaditas de levadura
- 4 huevos
- 1 cucharadita y media de canela en polvo
- 3 manzanas reinetas medianas, peladas y cortadas en dados

Para el relleno y decoración:
- 1 porción de crema de queso, preparada con 2 cucharaditas de canela en polvo (ver página 19)

TONDAS

Dos de los ingredientes más deliciosos que existen son el limoncello y las fresas. Pues imaginad mezclarlos en una sola receta…

Limoncello y fresas

Precalentamos el horno a 180 °C. Engrasamos y enharinamos los moldes o los rociamos con espray desmoldante.

Batimos el aceite, el azúcar y los huevos hasta que están bien integrados. Incorporamos la harina y la levadura tamizadas y batimos a velocidad baja. Añadimos la ralladura de limón y mezclamos hasta que la masa sea homogénea. Incorporamos las fresas con ayuda de una espátula y con cuidado de no romperlas. Repartimos la masa entre los moldes.

Horneamos 25-30 minutos o hasta que los bordes del bizcocho se separen del molde y al introducir un palillo salga limpio. Mientras se hornean, preparamos el almíbar.

Dejamos enfriar los bizcochos 5 minutos en su molde y después los pinchamos con un palillo y los pintamos con el almíbar. Desmoldamos cuando el molde esté templado y dejamos enfriar los bizcochos por completo sobre una rejilla.

Montamos la tarta siguiendo las instrucciones de la página 12, rellenando con una capa de *lemon curd* y otra de mermelada de fresa cada piso de bizcocho. Para decorar, usamos la crema de queso y seguimos las indicaciones para la decoración con ondas de la página 16.

Para el bizcocho:
Para 3 moldes de 15 cm de diámetro o 2 moldes de 18 cm de diámetro
- 200 ml de aceite
- 200 g de azúcar
- 200 g de harina
- 2 cucharaditas de levadura
- 4 huevos
- La ralladura muy fina de un limón
- Un buen puñado de fresas lavadas
- 1 porción de almíbar, preparado con 75 ml de *limoncello* (ver página 19)

Para el relleno y decoración:
- Mermelada de fresa
- *Lemon curd* o mermelada de limón
- 2 porciones de crema de queso, preparadas con 2 cucharaditas de extracto de limón (ver página 19)

Recuerdo la primera vez que realicé esta decoración en una tarta. Estaba en Alemania, en pijama, decorando una tarta de vainilla, cuando decidí lanzarme a probar esta decoración que había visto en un tutorial en Internet. Cuando terminé la tarta no podía creerme que yo hubiera hecho algo tan bonito

Vainilla y frutas del bosque

Precalentamos el horno a 180 °C. Engrasamos y enharinamos los moldes o los rociamos con espray desmoldante.

Batimos el aceite, el azúcar y los huevos, incorporamos la harina y la levadura tamizadas y batimos a velocidad baja. Añadimos el extracto de vainilla y mezclamos hasta que la masa sea homogénea. La repartimos en tres boles. Al primero le ponemos las frambuesas, lavadas y enteras; al segundo, los arándanos, y al tercero, las moras. Vertemos cada masa en un molde.

Horneamos 25-30 minutos. Mientras, preparamos el almíbar. Dejamos enfriar los bizcochos 5 minutos en su molde y después los pinchamos con un palillo y los pintamos con el almíbar. Desmoldamos cuando el molde esté templado y dejamos enfriar por completo sobre una rejilla.

Mientras tanto, calentamos las frutas a fuego lento con el azúcar y la maicena hasta que se hagan puré. Lo dejamos templar.

Montamos la tarta (ver página 12), rellenamos cada piso de bizcocho con una capa de puré de frutas y cubrimos con la crema de mantequilla de merengue. Para decorar usamos el sobrante de la crema y seguimos las indicaciones para la decoración con rosetones de la página 17.

Para el bizcocho:
Para 3 moldes de 15 cm de diámetro
o 2 moldes de 18 cm de diámetro
- 200 ml de aceite
- 200 g de azúcar
- 200 g de harina
- 2 cucharaditas de levadura
- 4 huevos
- 1 cucharadita de extracto de vainilla
- Un buen puñado de frambuesas, arándanos y moras
- 1 porción de almíbar, preparado con 75 ml de *bourbon* (ver página 19)

Para el relleno y decoración:
- 150 g de moras, arándanos y frambuesas
- 50 g de azúcar
- 3 cucharadas de maicena
- 2 porciones de crema de mantequilla de merengue, preparada con 2 cucharaditas de extracto de vainilla (ver página 18) y teñida con colorante rosa palo/granate

Tarta de cumpleaños

Preparamos los bizcochos como en recetas anteriores. Siguiendo las indicaciones de la página 12, rellenamos la tarta con la *ganache* de chocolate y la montamos sobre la base.

Tras aplicar la *ganache* sobre la última capa de bizcocho, cubrimos la parte superior con papel de horno, alisamos con el alisador y volteamos la tarta. Con la tarta boca abajo, aplicamos la capa "sujetamigas" en los laterales, dejamos refrigerar unos minutos y aplicamos una nueva capa más gruesa. Como la base de la tarta nos está guiando, conseguiremos un grosor de unos 0'5 cm de *ganache*. Cuando los laterales estén cubiertos, calentamos una espátula en agua caliente y la usamos para alisar la superficie, como en las tartas sin *fondant* (ver página 13). Refrigeramos 30 minutos, volteamos de nuevo y retiramos el papel de horno. ¡Ya lo tenemos! ¡Bordes rectos y perfectos! Cubrimos la tarta con *fondant* (ver página 14). Alisamos el borde superior de la tarta con dos alisadores colocados a 90° y la dejamos toda la noche en una caja de cartón para que el *fondant* se endurezca.

Para decorar, modelamos un osito con la pasta de goma, uniendo las partes con pegamento comestible. El número está hecho con un cortador de galletas. Finalmente, cortamos triangulitos del *fondant* impreso (o de colores) y los pegamos con la glasa. Sobre ellos hacemos una cadenita de puntos, también de glasa. Pegamos con glasa el osito y el número en la parte superior y un lacito en el borde de la tarta.

Para el bizcocho:

Para 3 moldes de 15 cm de diámetro

- 200 g de mantequilla
- 200 g de azúcar
- 200 g de harina
- 2 cucharaditas de levadura química
- 4 huevos
- 1 cucharadita de extracto de vainilla
- Un puñado de confeti de colores
- 1 porción de almíbar, preparado con una cucharadita de extracto de vainilla (ver página 19)

Para el relleno y la decoración:

- 1 porción de *ganache* de chocolate (ver página 18)
- 1 porción de glasa real (ver página 19)
- 1 base de 15'5 cm de diámetro de cartón resistente a la grasa
- 600 g de *fondant* blanco
- 1 lámina de *fondant* impreso (a la venta en tiendas de repostería)
- 100 g de pasta de goma teñida en color rosa intenso y claro
- Un poquito de azúcar glas

La tarta perfecta para cualquier boda o aniversario. El fondant oculta tres deliciosos sabores: Oreo, chocolate blanco y vainilla. Si no tienes mucha práctica con las flores de azúcar, no te preocupes, siempre puedes buscar flores naturales comestibles y usarlas para decorar tu tarta.

Tarta de boda

Horneamos los bizcochos siguiendo las instrucciones de las páginas 30 para el primer piso, 35 para el segundo y 22 para el tercero. Igualamos los bizcochos para que todos tengan el mismo grosor y los almibaramos bien para asegurarnos de que la tarta se mantendrá jugosa durante más tiempo.

Para que todos tengan el mismo grosor rellenamos y cubrimos cada piso con la crema correspondiente y después el *fondant,* siguiendo las indicaciones de las páginas 12 y 14. Utilizaremos 400 g de *fondant* blanco para cubrir el piso más pequeño, 600 g para el mediano y 850 g para el grande. Dejamos secar los tres pisos, por separado, toda la noche. Mientras tanto, preparamos las flores de pasta de flores y también las dejamos secar toda la noche.

Al día siguiente, montamos los tres pisos (ver página 15). Para ello, utilizamos la glasa real para pegar los pisos entre sí y también los lazos, con una gotita mínima en cada piso. Luego pegamos las flores con un poco de glasa. Dejaremos que esta se seque por completo antes de trasladar la tarta.

Para el primer piso (20 cm):
- 400 ml de aceite
- 400 g de azúcar
- 400 g de harina
- 4 cucharaditas de levadura química
- 8 huevos
- 2 cucharadita de pasta de vainilla
- 200 g de galletas Oreo

Para el segundo piso (15 cm):
- 150 g de chocolate blanco troceado
- 150 ml de leche
- 180 g de mantequilla
- 200 g de azúcar
- 200 g de harina
- 4 huevos
- 2 cucharaditas de levadura química
- 1 porción de crema de vainilla

Para el tercer piso (10 cm):
- 100 ml de aceite
- 100 g de azúcar
- 100 g de harina
- 1 cucharadita de levadura química
- 2 huevos
- 1/2 cucharadita de pasta de vainilla

Para rellenar y cubrir los tres pisos:
- 2 porciones de almíbar, con dos cucharaditas de pasta de vainilla
- 4 porciones de crema de vainilla
- 1,850 kg de fondant blanco
- 1 porción de glasa real

Para la decoración:
- Rosas y otras flores de pasta de flores

Esta tarta es una declaración de amor total e incondicional al chocolate. Por favor, si la hacéis en casa guardadme un trozo que ¡prometo pasarme a por él!

Trufa y coñac

Preparamos una porción de *ganache* y la dejamos reposar a temperatura ambiente. Mientras tanto, elaboramos los bizcochos (ver página 25). Tras dejarlos enfriar 5 minutos en su molde, los pinchamos y los pintamos con el almíbar. Desmoldamos y dejamos enfriar sobre una rejilla.

Cuando la *ganache* tenga una textura similar a la de la Nocilla, rellenamos con ella los bizcochos fríos y aplicamos una primera capita "sujetamigas". Introducimos la tarta en la nevera durante, al menos, media hora. Guardamos la *ganache* sobrante para decorar y preparamos la segunda porción de *ganache*.

Ponemos la tarta sobre una rejilla y la cubrimos con la *ganache* templada, densa pero líquida (pondremos una bandeja debajo para recoger el sobrante y luego ¡zampárnoslo!). Cuando la *ganache* se haya asentado levantamos la tarta de la rejilla y la decoramos con la *ganache* que habíamos reservado. La técnica es la de los rosetones (página 17) con una boquilla más pequeña.

✳ *Truco: ¿Quieres acompañar tu tarta con unas trufas al coñac? Calienta 150 ml de nata, 2 cucharadas de coñac y 15 g de mantequilla. Cuando hierva, retira del fuego, añade 150 g de chocolate negro troceado y remueve hasta que se disuelva. Déjala en la nevera toda la noche. Coge porciones de la crema ahora sólida, dales forma de bola y pásalas por cacao en polvo o coco rallado. ¡Ñam!*

Para el bizcocho:

Para 3 moldes de 15 cm de diámetro o 2 moldes de 18 cm de diámetro

- 80 ml de aceite de oliva suave
- 250 g de azúcar
- 150 g de harina
- 50 g de cacao
- 2 cucharaditas de levadura química
- 2 huevos talla M
- 150 ml de leche
- 150 ml de agua hirviendo
- 2 porciones de almíbar (ver página 19), preparado con 50 ml de coñac

Para rellenar y decorar:

- 2 porciones de *ganache* de chocolate (ver página 18)

La decoración de esta tarta está inspirada en las creaciones de una bloguera a la que admiro muchísimo: Rosie Aleya, de Sweetapolita. Tras ver su tarta con degradado, he hecho múltiples versiones inspiradas en la misma, usando un acabado más liso y brillante pero manteniéndome fiel a la idea original. ¡Espero que os guste y lo probéis en casa!

Tarta de princesa

Preparamos los bizcochos como en la página 22, añadiendo a la masa 3 cucharaditas de emulsión Princesa, y otras 3 al almíbar con el que los pintaremos una vez horneados.

Mientras se enfrían en la rejilla, dividimos la crema de merengue en tres partes y teñimos una de amarillo, otra de rosa clarito y otra de azul bebé.

Montamos la tarta (ver página 12) y rellenamos cada piso con una capa de crema rosa y otra azul. Aplicamos la capa "sujeta-migas" usando la crema amarilla. Tras refrigerarla, con la punta de la espátula aplicamos una buena capa de crema amarilla en el tercio inferior de la tarta. Limpiamos la espátula y cubrimos el siguiente tercio con el azul. Con el rosa cubrimos el tercio superior y la parte de arriba. Calentamos la espátula (ver página 13) y alisamos los laterales, girando el soporte mientras sujetamos la espátula de forma perpendicular a la tarta. Es importante no moverla demasiado y limpiarla bien para que no mezclen los colores. Tras alisar la parte superior, decoramos la base con la manga pastelera y las cremas sobrantes.

*Truco: Si no encontráis la emulsión, podéis sustituir cada 3 cucharaditas por la suma de 3 cucharaditas de extractos (limón, vainilla y almendra).

Para el bizcocho:
Para 3 moldes de 15 cm de diámetro o 2 moldes de 18 cm de diámetro
- 200 ml de aceite
- 200 g de azúcar
- 200 g de harina
- 2 cucharaditas de levadura química
- 4 huevos
- 3 cucharaditas de emulsión de Princesa (a la venta en tiendas especializadas)
- 1 porción de almíbar (ver página 19), preparado con 3 cucharaditas de emulsión de Princesa

Para el relleno y la decoración:
- 1 porción de crema de mantequilla de merengue italiano (ver página 18), preparada con 3 cucharaditas de emulsión de Princesa
- Colorantes rosa, amarillo y azul bebé

Las minitartas están muy de moda y son supercucas. Cuesta un poco cogerles el truco para cubrirlas, por ser tan chiquititas, pero una vez que lo has pillado ¡es pan comido! (o debería decir ¡minitarta comida!). La decoración está inspirada en el lazo (que compré en un arranque de locura hace ya meses), pero podéis decorarlas con los motivos que más os gusten.

Minitartas de avellana

Precalentamos el horno a 170 °C. Batimos la mantequilla con el azúcar e incorporamos los huevos, uno a uno. Agregamos la harina y la levadura tamizadas, batimos y añadimos la avellana. Repartimos la masa en los moldes engrasados y horneamos unos 45 minutos o hasta que, al pinchar, el palillo salga limpio.

Desmoldamos y dejamos que los bizcochos se enfríen sobre una rejilla. Mientras tanto, cortamos círculos de cartón de 5 cm de diámetro (usamos como medida el cortador para las tartas) y los forramos con papel de aluminio.

Igualamos los bizcochos y, con un cortador de círculos de 5 cm (o 6 cm) cortamos círculos de bizcocho (deberían salir 8 de cada uno). Los agrupamos por parejas y los tratamos como si fueran una tarta grande, pero en miniatura. Seguimos los pasos tarta de cumpleaños (ver página 91) para rellenar con la *ganache*, aplicar la capa "sujetamigas" y cubrir con el *fondant*.

Dejamos secar el *fondant* toda la noche. Mientras tanto, preparamos los búhos. Al día siguiente, los pegamos con un poquito de glasa real, junto con el lazo.

*Truco: Para dar más altura a las minitartas, uso una base de porexpan de un 1 cm de alto y 5 cm de diámetro. La pego bajo el cartón y la oculto con el lazo. ¡Las minitartas quedan superesbeltas!

Ingredientes para 9 minitartas de 5 cm de diámetro:
El bizcocho se hornea en dos moldes cuadrados de 18 cm (si usáis moldes de 20 cm os saldrán más minitartas pero más bajitas)
- 300 g de azúcar
- 300 g de mantequilla
- 3 cucharaditas de levadura química
- 6 huevos
- 300 g de harina
- 2 cucharadas de pasta de avellanas

Para rellenar y decorar:
- 1 porción de *ganache* (ver página 18)
- Cartón de una caja de galletas y papel de aluminio
- *Fondant* en color azul bebé
- Búhos de *fondant* (encuentra el paso a paso en el contenido virtual)
- 1 porción de glasa real (ver página 19)

Tengo una debilidad: los *macarons*. Me encanta hacerlos, comerlos, verlos... ¡Los adoro! Aprendí a hacerlos gracias al libro *Macarons*, de Annie Rigg, y desde entonces no he parado. Esta tarta está inspirada en el sabor de mis *macarons* favoritos: los de café y chocolate.

Macarons de café y chocolate

Preparamos el bizcocho siguiendo las indicaciones de la tarta de chocolate blanco, pero con chocolate negro (ver página 35). Tras hornearlo, lo pintamos con el almíbar de café.

Para preparar los *macarons,* montamos las claras a punto de nieve y añadimos el azúcar blanco. Luego, añadimos el extracto de café. Batimos e incorporamos el azúcar glas y la almendra tamizados, con una espátula y movimientos envolventes. Rellenamos la manga pastelera y, con una boquilla redonda, depositamos círculos de masa de unos 3–4 cm de diámetro, sobre una bandeja forrada con papel de horno (quizá necesitéis 2 o 3 bandejas).

Damos un golpe seco a la bandeja para que se escapen las burbujas de aire y esperamos hasta que los *macarons* estén secos (entre 20 minutos y 2 horas). Luego, los horneamos a 150 °C-170 °C unos 10 minutos. Han de enfriarse antes de rellenarlos.

Seleccionamos unas 14 tapas de *macarons* y las troceamos y mezclamos con un tercio de la crema. Es mejor que queden trozos grandes, así el efecto *macaron* será mayor.

Usamos este tercio de la crema para rellenar nuestra tarta y la cubrimos con el resto de la crema (ver página 12). Finalmente, rellenamos los demás *macarons* también con crema y con la manga pastelera y los utilizamos para decorar la tarta.

Para el bizcocho:

Para 3 moldes de 15 cm de diámetro o 2 moldes de 18 cm de diámetro

- 150 g de chocolate negro troceado
- 150 ml de leche
- 180 g de mantequilla
- 200 g de azúcar
- 200 g de harina
- 4 huevos
- 2 cucharaditas de levadura química
- 1 porción de almíbar, preparado con 2 cucharaditas de café instantáneo (ver página 19)

Para el relleno y decoración:

- 1 porción de crema intensa de chocolate (ver página 19)

Para los macarons:

- 2 claras de huevo talla XL a temperatura ambiente
- 100 g de almendras molidas
- 200 g de azúcar glas
- 40 g de azúcar blanco
- 2 cucharaditas de extracto de café

Me he dado cuenta de que raramente hago tartas cuadradas... ¡Pues eso ha de cambiar! Esta es una buena propuesta si os apetece probar el formato cuadrado (o podéis hacer la versión redonda, ¡claro!). El *fondant* de chocolate combina de forma deliciosa con la sorpresa de violetas de su interior.

Tarta cuadrada

Precalentamos el horno a 170 °C, engrasamos los moldes y preparamos los bizcochos por separado, siguiendo los mismos pasos: batir el aceite con el azúcar, incorporar los huevos, uno a uno, agregar la harina y la levadura tamizadas y batir de nuevo. Añadir la pasta de violetas y repartir la masa en los moldes. Horneamos unos 25 minutos el bizcocho pequeño y 30-35 minutos el grande y dejamos enfriar antes de desmoldarlos.

Rellenamos y cubrimos los dos pisos de la tarta con la *ganache* y después el *fondant* (ver páginas 12 y 14). Cubrimos también la base. Utilizaremos unos 500 g de *fondant* para cubrir el piso más pequeño, 750 g para el mediano y el resto para la base.

Dejamos secar los dos pisos por separado, toda la noche. Al día siguiente, montamos los dos pisos (ver página 15). Pegar los pisos entre sí con la glasa real y también los lazos, con una mínima gotita. Luego realizamos decoraciones barrocas en los laterales (ver página 17) y pegamos la flor y el pétalo con un poco de glasa. La dejamos secar antes de trasladar la tarta.

*Truco: Si no tienes moldes cuadrados, hornea bizcochos redondos en moldes un pelín más grandes y después recórtalos al tamaño deseado.

Ingredientes para el piso pequeño (2 moldes cuadrados de 10 cm):
- 150 g de harina
- 150 g de azúcar
- 150 ml de aceite
- 3 huevos
- 1'5 cucharaditas de levadura química
- 1/2 cucharada de pasta de violetas (o 1 cucharadita de aroma de violetas)

Ingredientes para el piso grande (2 moldes cuadrados de 15 cm):
- 300 g de harina
- 300 g de azúcar
- 300 ml de aceite
- 6 huevos
- 3 cucharaditas de levadura química
- 1 cucharada de pasta de violetas (o 2 cucharaditas de aroma de violetas)

Para rellenar y cubrir:
- 2 porciones de *ganache* preparadas con una cucharadita de aroma de violetas (ver página 18)
- 1,5–1,7 kg de *fondant* de chocolate
- 1 porción de glasa real teñida de marrón oscuro (ver página 19)
- 1 base redonda de cartón de 1 cm de grosor y 20 cm de diámetro
- Una peonía de pasta de flores o, en su lugar, flores naturales libres de pesticidas.

La favorita de mi madre, es una delicia. ¡Para que luego digan que la verdura en tarta no está buena! Es la receta perfecta para celebrar la llegada del otoño y, por supuesto, para endulzar el día de Halloween.

Calabaza y especias

Precalentamos el horno a 180 °C. Engrasamos y enharinamos los moldes o los rociamos con espray desmoldante. Ponemos la leche en un bol con el zumo de limón para que se corte.

Batimos azúcar, aceite y huevos hasta que la mezcla sea homogénea. Incorporamos el puré de calabaza y la vainilla. Volvemos a batir. Tamizamos la harina con la levadura y las especias y lo incorporamos todo a la mitad de la mezcla previa, sin dejar de remover. Agregamos la leche y el resto de harina. Batimos hasta que la mezcla sea homogénea.

Repartimos la mezcla en los dos moldes y horneamos 25 minutos o hasta que al introducir un palillo salga limpio. Desmoldamos y dejamos enfriar los bizcochos sobre una rejilla. Los alineamos y dividimos horizontalmente en dos. Así tendremos cuatro capas.

Mezclamos la crema de mantequilla con el bote de Marshmallow Fluff y batimos 5 minutos. Rellenamos y decoramos la tarta (ver páginas 12 y 13), espolvoreamos canela y... ¡A comer!

*Truco: Si no encontráis la crema de nubes, podéis rellenar y decorar la tarta con crema de queso y está también ¡de muerte!

Ingredientes para dos moldes de 15 cm:

- 150 ml de aceite de oliva suave
- 405 g de azúcar moreno
- 3 huevos talla L
- 360 ml de puré de calabaza (casero o de lata)
- 1,5 cucharaditas de extracto de vainilla
- 300 g de harina
- 2 cucharaditas de levadura química
- 2,5 cucharaditas de canela en polvo
- 1/4 cucharadita de jengibre
- 1/4 cucharadita de clavo en polvo
- 180 ml de leche
- 1/2 cucharadita de zumo de limón

Para rellenar y decorar:

- 1 porción de crema de mantequilla (ver página 18)
- 1 bote de crema de nubes (Marshmallow Fluff)

Divina fruta

Adoro las manzanas reinetas y, sin duda, esta es la mejor forma de comerlas. Es una receta larga y trabajosa, pero merece la pena al 100%. No os arrepentiréis.

Apple pie

Mezclamos harina y mantequilla, y cuando parezcan migas de pan, añadimos 50 ml de agua (enfriada en hielo) poco a poco, sin dejar de mezclar. Si la masa está muy pegajosa, añadimos más harina. Si se hace migas, añadimos agua. Hemos de lograr una masa firme y no pegajosa. Hacemos dos bolas iguales, las envolvemos en film y refrigeramos, al menos, 45 minutos.

Estiramos una bola hasta conseguir un círculo de unos 28–30 cm de diámetro. Lo pasamos al molde engrasado. Ajustamos la masa, sin cortar lo que sobre, y refrigeramos. A continuación, estiramos la otra bola hasta formar un círculo de unos 23 cm de diámetro, que también refrigeramos.

En un bol, mezclamos las manzanas peladas, troceadas y pasadas por el limón, con canela, azúcar, harina y pasas. Lo ponemos todo en el molde. Añadimos la mantequilla, pincelamos los bordes con una mezcla de yema y nata y tapamos con el otro disco. Apretamos la unión y cortamos el exceso de masa. Podemos amasar de nuevo los restos y hacer pequeñas decoraciones. Finalmente, pincelamos toda la superficie con la mezcla de yema y nata y hacemos un corte en forma de X o H. Refrigeramos unos 40 minutos. Transcurrido ese tiempo, horneamos durante 30 minutos a 190–200 °C, hasta que se empiece a dorar. Después reducimos la temperatura a 160 °C y horneamos 50-60 minutos más, o hasta que las manzanas estén tiernas y burbujeantes. Servimos el pastel templado y acompañado de helado de vainilla.

Para la masa (molde de vidrio de 20 a 23 cm de diámetro):
- 400 g de harina
- 250 g de mantequilla muy fría cortada en cubos
- 60 ml de agua
- Hielo

Para el relleno:
- 1,5 kg de manzanas reinetas (1,2 kg si el molde es de 20 cm)
- Un buen puñado de pasas
- 45 g harina
- 45 g de mantequilla a temperatura ambiente
- 60 g de azúcar moreno
- 1 yema de huevo
- 30 ml de nata de montar
- El zumo de 2 limones
- 2 cucharaditas de canela

Es superligera, sabrosa y ¡está demasiado buena! De verdad, me podría comer una entera y querer aún más.

Pavlova

Precalentamos el horno a 140 °C. Preparamos tres círculos de papel de horno de 18 cm de diámetro (usando un plato o molde como guía) y los colocamos sobre dos bandejas de horno.

Montamos las claras a punto de nieve. Cuando empiecen a formar picos, incorporamos poco a poco la mitad del azúcar mientras seguimos batiendo. Cuando se hagan picos duros, brillantes, añadimos el resto del azúcar mezclado con la maicena y, a continuación, el vinagre y la vainilla. Dividimos el merengue entre los tres papeles de horno y lo extendemos con una espátula.

Horneamos los merengues durante 90 minutos, hasta que estén secos al tacto. Apagamos el horno y los tenemos dentro 20 minutos más. Finalmente, los sacamos y los dejamos enfriar por completo.

Montamos la nata con azúcar glas al gusto. Para montar la tarta, colocamos en primer lugar una capa de merengue (¡cuidado, es muy frágil!), encima un poco de nata y frutos rojos y así sucesivamente, culminando con muchos frutos rojos y un poco de azúcar glas para decorar. Mantener la tarta refrigerada y consumirla en el día.

*Truco: Para la versión chocolateada, solo tienes que añadir al merengue 150 g de chocolate negro derretido y templado, justo después de la vainilla y con ayuda de una espátula para que no se baje. También puedes agregar un puñado de nueces o avellanas, por ejemplo.

Ingredientes:
- 325 g de azúcar
- 2 cucharadas de maicena
- 6 claras de huevo talla M
- 2 cucharaditas de vinagre blanco
- 1 cucharadita de vainilla en pasta
- 500 ml de nata para montar
- Azúcar glas para endulzar la nata, al gusto
- 750 g–1 kg de frutos rojos variados

Esta es una de mis recetas prohibidas para cuando estoy sola en casa, ya que si la hago me como las seis tartaletas casi sin respirar. La receta de la crema de limón la aprendí de mi madre que, a su vez la aprendió de la Tía Paquita, tía de mi padre. Sinceramente, ¡no he probado ninguna mejor!

Limón con merengue

Mezclamos harina y mantequilla, incorporamos el azúcar glas y el huevo, y amasamos hasta tener una masa homogénea. Formamos una bola, la cubrimos con film y refrigeramos unos 15 minutos. Extendemos la masa hasta que tenga unos 4-5 mm de grosor, la cortamos en seis partes y ponemos cada una sobre un molde de tartaleta engrasado (si usamos un solo molde no es necesario cortar la masa). Ajustamos las esquinas y los bordes y cortamos el exceso de masa. Refrigeramos otros 15 minutos.

Precalentamos el horno a 180 °C. Para evitar que la masa suba, le ponemos un papel de aluminio y la cubrimos con arroz o pesos de hornear. Horneamos durante 15-20 minutos, o hasta que la base esté doradita, y dejamos enfriar.

Calentamos en un cazo la ralladura de dos limones, su zumo y el agua. Removemos y añadimos el azúcar, la mantequilla y los tres huevos batidos. Cuando espese, dejamos templar el relleno 10-15 minutos y lo vertemos en el molde o moldes. Dejamos enfriar.

Para preparar el merengue, calentamos las claras con el azúcar al baño maría, hasta que el azúcar se disuelva. Retiramos del fuego y montamos a punto de nieve. Decoramos las tartaletas con el merengue y una manga de boquilla rizada, tostándolas con un soplete si queremos darles un último toque decorativo.

Para la base:
Ingredientes para un molde rectangular de 20 x 35 cm, un molde redondo de 23 cm de diámetro o 6 moldes individuales de tartaleta

- 125 g de harina
- 65 g de mantequilla, muy fría y cortada en trocitos pequeños
- 45 g de azúcar glas
- 1 huevo batido

Para el relleno:
- 2 limones
- 150 g de azúcar
- 75 g de mantequilla
- 3 huevos
- 125 ml de agua

Para el merengue:
- 3 claras
- 180 g de azúcar

Lo mejor de esta tarta es la cara que se les pone a los comensales cuando se parte. ¡Es tan bonita por dentro que da pena comérsela! Y encima sabe a cerezas al kirsch...

Cerezas y chocolate blanco al kirsch

Precalentamos el horno a 180 °C y engrasamos y enharinamos los moldes. Batimos aceite, azúcar y huevos, incorporamos la harina y la levadura tamizadas y batimos a velocidad baja hasta que la masa sea homogénea. La repartimos en dos boles: en uno no ponemos nada y en el otro añadimos la pasta de cerezas.

Cogemos la masa "neutra" y ponemos una cucharada justo en el centro de cada molde. A continuación, echamos una cucharada de masa de cerezas justo en el centro de la cucharada anterior y repetimos hasta acabar con las masas. El resultado es una serie círculos concéntricos de colores alternos. Horneamos los bicochos unos 25-30 minutos, los dejamos enfriar 5 minutos, los pinchamos con un palillo y los pintamos con el almíbar. Desmoldamos y dejamos enfriar sobre una rejilla.

Derretimos el chocolate al baño maría y lo dejamos templar, reservando 70 g. Incorporamos el chocolate a la crema de mantequilla batiendo a máxima velocidad durante 2 minutos. Usamos el chocolate reservado para bañar las cerezas, colocándolas sobre papel de cocina y refrigerándolas para que el chocolate se endurezca.

Montamos la tarta (ver página 12) rellenando con una capa de mermelada cada piso de bizcocho y cubriendo y decorando con la crema de chocolate blanco.

Para el bizcocho:
Para 3 moldes de 15 cm de diámetro
o 2 moldes de 18 cm de diámetro
- 200 ml de aceite
- 200 g de azúcar
- 200 g de harina
- 2 cucharaditas de levadura química
- 4 huevos
- 2 cucharadas de pasta de cerezas (o aroma de cerezas y colorante color cereza, en su defecto)
- Una porción de almíbar, preparado con 50 ml de kirsch (ver página 19).

Para el relleno:
- Mermelada de cerezas (casera o comprada)

Para la decoración:
- 1 porción de crema de mantequilla (ver página 18)
- 250 g de chocolate blanco
- Cerezas

De pequeña, teníamos un libro de postres en casa en el que aparecía la receta de las peras Bella Elena. Recuerdo que me obsesioné tanto que no paré hasta que la hizo mi madre y... ¡ay! ¡qué delicia! Creo que desde entonces he adorado la combinación de peras con chocolate. Si a eso le añadimos además un poco de Pedro Ximénez... ¡es una bomba!

Chocolate con peras

En un cazo, ponemos el Pedro Ximénez con el agua y el azúcar. Comenzamos a calentar hasta que se disuelva el azúcar. Mientras tanto, pelamos las peras, las cortamos por la mitad y las descorazonamos. A continuación introducimos las peras, el clavo y la canela en el cazo y las cocemos hasta que estén blanditas (unos 30 minutos). Retiramos del fuego y las dejamos enfriar dentro del líquido.

Preparamos la base como se explica en la receta de las tartaletas de limón (ver página 112) y mientras se enfría elaboramos la crema. Calentamos 250 ml de leche, 3 cucharadas de azúcar y el cacao a fuego lento hasta que se disuelvan. Mezclamos en un vaso el resto de la leche con la maicena, y en otro vaso, las 3 yemas con el resto del azúcar. Incorporamos ambas mezclas a la leche con el cacao y removemos a fuego lento. Cuando comience a hervir, esperamos unos segundos y retiramos del fuego. La crema se espesará a medida que se enfríe. La dejamos templar 20 minutos cubierta con film a piel. La vertemos sobre la base y disponemos las peras de forma alterna.

Calentamos el vino con el azúcar hasta que se reduzca a la mitad y regamos la tartaleta con esta reducción antes de servir.

Para la base:
- 125 g de harina
- 65 g de mantequilla, muy fría y cortada en trocitos pequeños
- 45 g de azúcar glas
- 1 huevo batido

Para la crema pastelera de chocolate:
- 3 yemas de huevo
- 6 cucharadas de azúcar
- 375 ml de leche
- 2 cucharadas de cacao en polvo
- 1 cucharada y media de maicena

Para las peras al Pedro Ximénez:
- 3 peras maduras
- 375 ml de Pedro Ximénez
- 250 ml de agua
- 180 g de azúcar
- Una cucharadita de clavo
- Un palito de canela

Para decorar:
- 150 ml de Pedro Ximénez
- 45 g de azúcar

Para todos los públicos

Esta es mi prueba de que las tartas sin gluten pueden ser tan bonitas y sabrosas como las que sí que lo tienen. Os animo a que la probéis en casa, va a hacer la delicia de todos los invitados.

Vainilla y frambuesa sin gluten

Precalentamos el horno a 180 °C. Engrasamos los moldes y batimos aceite, azúcar y huevos. Incorporamos la harina y la levadura tamizadas y batimos a velocidad baja. Añadimos la vainilla, la goma xantana y la glicerina, y mezclamos y repartimos la masa en los moldes.

Horneamos los bizcochos 25-30 minutos, los dejamos enfriar 5 minutos en su molde, los pinchamos y los pintamos con el almíbar. Los desmoldamos y dejamos enfriar sobre una rejilla.

Montamos la tarta (ver página 12) rellenando con una capa de crema de mantequilla cada piso de bizcocho. Para crear unas capas bien gruesas de relleno, encima de la primera capa de bizcocho colocaremos una capa de crema de, aproximadamente, 2 cm. A continuación, la refrigeraremos en torno a 15 minutos o hasta que el relleno se solidifique un poco. Colocaremos el siguiente bizcocho encima, una nueva capa de 2 cm de grosor y de nuevo refrigeraremos el conjunto unos 15 minutos antes de colocar la tapa superior y aplicar la capa para sujetar las migas. Decoramos siguiendo las instrucciones de la página 13.

*Truco: Si no tienes harina de repostería sin gluten, puedes sustituirla por una mezcla de 140 g de harina blanca de arroz, 40 g de harina de patata y 20 g de harina de tapioca.

Para el bizcocho:

Para 3 moldes de 15 cm de diámetro o 2 moldes de 18 cm de diámetro

- 200 ml de aceite
- 200 g de azúcar
- 200 g de harina de repostería sin gluten
- 2 cucharaditas de levadura sin gluten
- 4 huevos
- 1 cucharadita de pasta de vainilla
- 1 cucharadita de goma xantana
- 1/2 cucharadita de glicerina
- 1 porción de almíbar, preparado con 1 cucharadita de extracto de vainilla (ver página 19)

Para el relleno y decoración:

- 2 porciones de crema de mantequilla de merengue italiano, preparada con 2 cucharaditas de aroma de frambuesa y teñida de rosa (ver página 18)

Las posibilidades que ofrece la repostería vegana son infinitas y deliciosas. En concreto, esta receta me vuelve loca: es jugosa, no excesivamente dulce... y las ciruelas le dan un toque ácido ¡irresistible!

Tarta vegana de ciruelas

Precalentamos el horno a 180 °C y engrasamos una bandeja metálica con un poco de aceite. Colocamos encima las ciruelas que vamos a asar y las rociamos con aceite, espolvoreando el azúcar por encima, a continuación. Las asamos durante 15-20 minutos o hasta que estén totalmente hechas y los jugos burbujeen. Las sacamos del horno y dejamos templar.

Mientras tanto, engrasamos los moldes con espray desmoldante, y tamizamos la harina y la levadura. En un bol, mezclamos bien el aceite con el azúcar y la ralladura de limón. Incorporamos la mitad de la harina, removemos bien y, cuando la mezcla sea homogénea, agregamos la mitad de la leche de avena. Repetimos incorporando el resto de la harina, y luego, el resto de la leche. Finalmente, añadimos las ciruelas picadas en trocitos.

Horneamos 25-30 minutos o hasta que al introducir un palillo salga limpio. Desmoldamos cuando los moldes estén templados al tacto y dejamos enfriar por completo sobre una rejilla.

Mientras tanto, montamos la nata vegana y añadimos azúcar al gusto.

Hacemos la tarta rellenando los bizcochos con una capa de nata y otra de ciruelas asadas. Decoramos la parte superior con el resto de la nata y las ciruelas sobrantes.

Para el bizcocho:
para 2 moldes de 18 cm
- 250 g de harina
- 225 g de azúcar
- 2 cucharaditas de levadura química
- 250 ml de leche de avena
- 125 ml de aceite de oliva
- 8 ciruelas deshuesadas y cortadas en trocitos
- La ralladura de un limón

Para las ciruelas asadas:
- 8-10 ciruelas, cortadas por la mitad y deshuesadas
- Un buen chorrito de aceite
- 3 cucharadas de azúcar

Para la nata:
- Un *brick* de nata vegana (de coco, de soja o de arroz)
- Azúcar glas al gusto

No os dejéis impresionar por las palabras "glaseado de aguacate"...
Una vez que lo probéis, no vais a querer comer otra cosa. Incluso los
más reacios a las combinaciones extrañas ceden ante la jugosidad de
esta tarta... ¡Lo tengo comprobado!

Tarta vegana de chocolate con glaseado de aguacate

Mezclamos la leche con el zumo y dejamos reposar 5-10 minutos. Precalentamos el horno a 180 °C y engrasamos los moldes. Tamizamos la harina con la maicena, la levadura química y el cacao. Reservamos.

Batimos el aceite con el azúcar. Añadimos la mitad de la harina y batimos hasta que la mezcla sea homogénea. A continuación, añadimos la leche de soja y finalmente el resto de la harina. Mezclamos hasta tener una masa homogénea. La repartimos en los moldes y horneamos 25-30 minutos o hasta que un palillo salga limpio. Desmoldamos cuando el molde esté templado y dejamos enfriar sobre una rejilla.

Para preparar el glaseado, pelamos y deshuesamos los aguacates. Los batimos con el zumo de limón e incorporamos el azúcar superfino. Añadimos el queso de soja y batimos hasta obtener un glaseado homogéneo y de consistencia bastante líquida.

Igualamos los bizcochos y los rellenamos con una buena cantidad de glaseado. Después, los ponemos sobre una rejilla y vertemos el glaseado por encima, hasta cubrir la superficie y los laterales. Decoramos con unas fresas u otros frutos rojos (opcional) y dejamos que el glaseado se asiente antes de trasladar la tarta a un plato.

Para el bizcocho:
*Para tres moldes de 15 cm de diámetros
o 2 moldes de 18 cm de diámetro*
- 200 g de harina
- 2,5 cucharadas de maicena
- 2 cucharaditas de levadura química
- 200 g de azúcar
- 125 ml de aceite suave
- 250 ml de leche de soja
- 4 cucharadas de cacao puro sin azúcar
- 1 cucharadita de zumo de limón

Para el glaseado:
- 2 aguacates pequeños maduros
- 1 cucharadita de zumo de limón
- 500 g de azúcar superfino
- 125 g de queso de soja para untar

Esta tarta me hace feliz. Disfrutar de su intenso sabor a naranja mientras sé que estoy degustando un bizcocho extremadamente saludable me hace sentir bien.

Bundt cake de naranja sin gluten

Precalentamos el horno a 180 °C y engrasamos el molde con espray desmoldante. Mezclamos la leche con el zumo de limón y dejamos reposar. Tamizamos la harina con la levadura en un bol y reservamos.

Batimos el aceite, el azúcar y los huevos hasta que la mezcla sea homogénea. Incorporamos la goma xantana y la glicerina. A continuación, agregamos la mitad de la harina. Después, añadimos el zumo, las semillas de amapola y la ralladura de naranja. Incorporamos el resto de la harina y la leche. Batimos hasta lograr una mezcla homogénea.

Horneamos 65-70 minutos o hasta que un palillo introducido salga limpio. Tras sacar el bizcocho del horno, esperamos 10 minutos y, a continuación, desmoldamos sobre una rejilla. Dejamos enfriar por completo.

Si queremos preparar el glaseado, mezclamos el azúcar glas con el zumo de naranja hasta conseguir una mezcla homogénea, añadiendo más azúcar o más zumo si está muy líquido o demasiado denso. Glaseamos el *bundt cake* antes de servirlo.

*Truco: Puedes sustituir la harina de repostería sin gluten por una mezcla de 315 g de harina blanca de arroz, 90 g de harina de patata y 45 g de harina de tapioca.

Para un molde bundt de 10 tazas de capacidad:
- La ralladura de 2 naranjas
- 120 ml de zumo de naranja recién exprimido
- 450 g de harina para repostería sin gluten
- 1,5 cucharaditas de levadura sin gluten
- 250 ml de aceite suave
- 375 g de azúcar
- 3 huevos
- 120 ml de leche
- 1 cucharadita de zumo de limón
- 2 cucharaditas de goma xantana
- 1 cucharadita de glicerina
- 2 cucharadas de semillas de amapola

Glaseado (opcional):
- 60 ml de zumo de naranja
- 195 g de azúcar glas

Este bizcocho es tan ligero que, acompañado de la crema de queso chocolateada, se convierte en un bocado irresistible. ¡Nadie se creerá que no tiene gluten!

Chocolate con crema de queso sin gluten

Precalentamos el horno a 180 °C y engrasamos nuestros moldes. Tamizamos cacao y maicena y reservamos.

En un cazo, calentamos el chocolate troceado y la mantequilla a fuego lento hasta que se derritan por completo. Retiramos del fuego y dejamos templar.

Mientras tanto, batimos los huevos con las yemas y el azúcar hasta que doblen su volumen. Incorporamos el chocolate derretido y mezclamos con cuidado, intentando que no se bajen los huevos. Finalmente, añadimos el cacao y la maicena. Mezclamos hasta que la masa sea homogénea y la repartimos equitativamente entre los moldes.

Horneamos 25-30 minutos o hasta que los bordes del bizcocho se separen ligeramente del molde y al introducir un palillo salga limpio. Mientras se hornean, preparamos el almíbar.

Dejamos enfriar los bizcochos 5 minutos en su molde y después los pinchamos repetidamente con un palillo y los pintamos con el almíbar. Desmoldamos cuando el molde esté templado al tacto y dejamos enfriar por completo sobre una rejilla.

Preparamos la crema con queso cremoso al chocolate y montamos la tarta siguiendo las instrucciones de la página 12.

Para el bizcocho:
para 3 moldes de 15 cm de diámetro
o 2 moldes de 18 cm de diámetro

- 280 g de chocolate negro (a poder ser, con un 70% de cacao)
- 50 g de maicena
- 40 g de cacao en polvo sin azúcar
- 115 g de azúcar
- 5 huevos medianos y 2 yemas extra
- 250 g de mantequilla a temperatura ambiente
- 1 porción de almíbar, preparado con 1 cucharadita de pasta de vainilla (ver página 19)

Para la crema:
- 2 porciones de crema de queso (ver página 19), preparada con queso cremoso al chocolate (disponible en supermercados)

Si no lo decís, nadie pensará que no tiene azúcar.
¡Garantizado al 100%!

Vainilla, fresas asadas y nata, sin azúcar

Mezclamos la leche con el zumo y dejamos reposar 5-10 minutos. Precalentamos el horno a 180 °C y engrasamos los moldes. Tamizamos la harina con la levadura química.

Añadimos el sirope de agave, el aceite y el extracto de vainilla a la leche y mezclamos bien. Incorporamos la harina con la levadura y mezclamos hasta que la masa sea homogénea. La repartimos en los moldes y horneamos 25-30 minutos o hasta que un palillo salga limpio. Desmoldamos el bizcocho cuando el molde esté templado al tacto y lo dejamos enfriar por completo sobre una rejilla.

Para preparar las fresas asadas, las lavamos y cortamos por la mitad (reservando dos sin tocar para la decoración de la tarta). Las colocamos en una fuente cubierta con papel de horno y las regamos con el sirope de agave. Horneamos a 150 °C durante 30-40 minutos o hasta que hayan soltado sus jugos y estos se hayan espesado (¡cuidado, que no se quemen!). Transferimos las fresas y su jugo a un bol y dejamos templar.

Para montar la tarta, alineamos los bizcochos (ver página 12) y los rellenamos con las fresas asadas. A continuación, montamos la nata a punto de nieve, ajustando el dulzor a nuestro gusto con edulcorante. Cubrimos la tarta con la nata y decoramos con las dos fresas que habíamos reservado.

Para el bizcocho:
Para tres moldes de 15 cm de diámetro
o 2 de 18 cm de diámetro
- 200 ml de leche
- 1 cucharadita de zumo de limón
- 160 ml de sirope de agave
- 100 ml de aceite de oliva suave
- 1 cucharadita de extracto de vainilla
- 200 g de harina
- 1,5 cucharaditas de levadura química

Para las fresas asadas:
- 250 g de fresas
- 5 cucharadas de sirope de agave

Para decorar:
- 200 ml de nata para montar, fría
- Edulcorante en polvo al gusto

Agradecimientos

A mis padres, cómo no. Gracias papi y mami por estar siempre ahí. Nada de esto habría sido posible sin vosotros. Sois los mejores progenitores del mundo mundial, sin duda alguna. Gracias, gracias, gracias. ¡Os quiero!

A Jesús, por aguantarme y animarme durante toda la escritura de este libro. Sé que puedo llegar a ser muy cansina cuando estoy agobiada. Gracias por no haberme estrellado la guitarra en la cabeza. Prometo no hacerte probar cinco versiones de una misma tarta nunca más...

A Ari. Sin ti, *Alma's Cupcakes: La Tienda* no sería nada. ¡Eres una genia!

A Gemma: gracias por tus ánimos, tu apoyo constante y la idea del vichy rosa, entre otros. ¡Eres una crack!

A Josetxu y Tamar, por proporcionar ideas y abrir las puertas de su casa a mis *cookies*, tartas, cupcakes... ¡Sois unos catadores natos!

A Lourdes, Chucha y Feli, por su asistencia incondicional a mis firmas de libros y por comprar tantos ejemplares de mis libros. ¡Si se juntaran todos no cabrían en la Biblioteca Nacional!

A Visi, por su apoyo y constante preocupación por mi persona. ¡Gracias abuela por todo!

A Angelines, Jesús, Elena, Juan, Victoria y Carlitos. ¡Gracias por hacerme feliz siempre que os veo!

A Diana, por confiar en mí de nuevo (¡y por tantos momentos divertidos pre y post firma de libros!). A Pilar (por cierto, gracias por llamarme *Peque*, ¡me encanta!), Patri, Maite y todo el equipo de El País-Aguilar por darme la maravillosa oportunidad de escribir ¡otro libro!

 A Luis, por permitirme el endosamiento periódico de postres y tartas variadas sin rechistar. ¡Si no fuera por ti hubiera engordado 1000 kg!

A Light Up Estudios Fotográficos y a Silvia, por hacerme sentir como una princesa en la sesión de fotos para la portada. ¡Gracias!

A Lorena Grossutti, por *wasapearme* tantas cosas bonitas y perdonarme la habitual tardanza en contestar.

A Iván, por ser el único en entender realmente mi amor por correr distancias largas. Gracias por todo. Algún día, ¡Nueva York!

A Rosie Aleya, Joy Wilson, Heather Baird y todas las blogueras que no conozco en persona pero que me inspiran en el día a día. Gracias por hacerme soñar.

A Eduardo, Carmen, Víctor, Mateo y Kike, por currarse unos vídeos tan chulos. ¡Gracias mil! Espero que nos veamos de nuevo, y esta vez con tiempo para unas cañas.

A Angélica, como bien dice tu nombre, ¡eres un ángel!

A todas las alumnas y alumnos de Alma's Cupcakes. Sois lo más. Gracias por hacer que ir a trabajar sea una experiencia maravillosa, en cada taller me hacéis feliz. Mil besos en especial a Marta Cuesta, Elena Berriatúa, Alexia Fernández y demás repetidoras locas con las que me río sin parar en todos los cursos a los que asisten.

A todos los que comprasteis, regalasteis, recomendasteis mi primer libro. Gracias un millón por haber confiado en mí. Espero que esta segunda entrega os guste incluso más.

A todos los que habéis asistido a una de mis firmas de libros. Gracias por vuestro cariño, por las sonrisas, por todo. No os olvidaré nunca. ¡Y prometo contárselo a mis nietos!

A todas las personas que me seguís en el blog, en Facebook, en Twitter, que me escribís e-mails, mensajes, comentarios... Gracias a todos por vuestro cariño, por vuestro apoyo constante. Sin vosotros jamás me habría pasado nada de esto. Gracias de todo corazón. No sé qué haría sin vosotros. Gracias mil. Os lo debo todo.

Fin

Si te ha gustado
este libro te encantará
Objetivo:
Cupcake
perfecto

en el que cuento todos los trucos para
hornear y decorar unos cupcakes
espectaculares

Objetivo:
Cupcake
perfecto

Alma Obregón